子どもの見方が変わる！

「見取り」の技術

若松俊介・宗實直樹

学陽書房

はじめに

- 「子どもたちが学ぶ」ってどういうことだろう？
- 「よりよい教育」とはどのようなものだろう？
- 「教師の役割」って何だろう？

　これは、私が日々問い続けていることです。わかるような、わからないようなことを悶々と考え続けることを大切にしています。読者の皆さんも、何かしらの「問い」や問題意識を持って子どもたちと関わっておられるのではないでしょうか。

　決して、初任の頃からこのような「問い」を持って考え続けていたわけではありません。過去の私は、下のような「問い」を中心に考え続けていました。

- どのような導入をすればよいだろう？
- どのように説明すればうまく伝わるだろう？
- どんな発問をすれば子どもたちがより考えるだろう？

　とにかく1時間の授業をきちんと成立させることに必死でした。私には、そのための知識や技術が足りませんでした。こうした「問い」をもとに試行錯誤することで、よりよい説明の仕方や発問等の知識や技術を得られるようになりました。

　「説明の仕方」「よりよい発問」等の技術を取得していくことは、そこまで難しいものではありません。なぜなら、教師側の問題が多く含まれているからです。

　説明のコツを見つけたり、教材研究を確かなものにしたりすることで、「説明の技術」「発問の技術」を高めていくことができました。

ただ、冒頭にかかげた「問い」を解決するためには、どのような技術をどのように高めていけばよいのかわかりにくいです。最近話題になっている「個別最適な学び」と「協働的な学びの実現」という言葉は知っていても、実際にどのようにすればよいのか悩まれている先生も多いのではないでしょうか。

　簡単に「子どもたち一人ひとりの学びを受け止めて支えるために、教師は〇〇すればよい」と言えることはありません。それくらい、「子どもたちが学ぶ」ということは複雑なものであり、同時に「教師の役割」も複雑であります。

　そこで、本書では「よりよい教育」を実現するために、まず何よりも大事な「子どもたち一人ひとりを知ろうとする」ということに注目しました。教師がきちんと「子どもたちを見取る」からこそ、子どもたち一人ひとりの学びを支えることができます。

　今回は、私が尊敬する宗實直樹先生（関西学院初等部）と一緒に書かせていただきました。「子どもたち一人ひとりの学びをどのように支えられるか」を追究されている先生の一人です。本書を書くために、互いにあれこれ考えを聴き合う過程で、私自身多くのことを学ぶことができました。すごくおもしろかったです。

　そこでわかったことは「『子どもを見取る技術』は簡単に伝えられることではない」ということです。本書では「見取りの技術」としていますが、それは「本書から与えられるもの」ではなく「読者の皆さんがそれぞれに見つけていくもの」です。その過程を支える一冊になっていると思います。

　本書を通して、皆さんと一緒に「子どもたちを見取る」ために大切なことや子どもたちの学びを支える教師の在り方等を見つけていくことができればうれしいです。どうぞよろしくお願い致します。

　2023年3月吉日

　　　　　　　　　　　　　　　　　　　　　　　　若松　俊介

CONTENTS

第 **3** 章

「授業前後」で学習成果物や ふり返りを見取る！

第 **4** 章

「生活場面」で クラスを見取る！

第 **5** 章 「見取る」力を
さらに高めるために

第 **1** 章

なぜ「見取り」が大切？

「見取り」を始めた きっかけ

◐◑ 授業で「見取り」を始める！

　子どもを見取り、子どもの力を引き出すことを考え始めたきっかけは、やはり授業でした。

　授業の中で子どもの思考の道筋やその子の固有の考えを見るようになったこと、子どもの反応で授業を創ることにおもしろさを感じるようになったからです。当初は、子どものもつ「問い」について関心をもっていました。

　この子にとっての「問い」とは何なのか、「問い」がこの子の中でどのように変化していくのか、「問い」という文言が出ている書籍を教科にかかわらず片っ端から集めたことを記憶しています。

◐◑ いかに子どもの世界に近づけるか

　書籍を読み漁り、研究会に参加し、子どもの力を引き出し、子どもに力をつけるためにどうするかという方法論を多く考えました。

　それから「そもそも子どもが育つとはどういうことなのか」「子どもが学ぶとはどういうことなのか」について興味関心が移りました。それは「人間とは何か」「子どもとは何か」を追究することにつながりました。そして、その子一人ひとりの学びを見取り、一人ひとりの子どもを本気で理解していかなければと考えました。

　子どもの学びを見取るということは、子どもの生きる道筋を追うということです。

子どもを探り、見取ろうとするときにその子を見ます。その子のことを考え、想像します。その時間が楽しくなってきました。少しでも子どもの世界に近づけることの喜びを感じるようになりました。そして、その子の世界に共感し、いかにしてその世界を大切にできるのかを考えるようになりました。

◖◗ ✦「集団」を意識していた頃は教師主導だった…

　以前は私はどちらかというと「集団」を強く意識し、「集団」に重きをおいて学級づくりをしてきました。「仲間」「団結」「絆」という言葉が常に先頭に並び、子どもたちをガッチリつなげることに全精力を注ぎ込むようなイメージです。もちろん「TEAMづくり」は現在の自分自身のテーマの一つでもあります。

　ただ、当時は教師である私が前面に立ち、子どもを引っ張りすぎていたのではないかという反省が残っています。自分の価値観を全面的に出し、一面的な見方でしか子どもを見ることができていませんでした。今思えば本当に恥ずかしい限りです。

◖◗ ✦「個」を見なければうまくいっていると錯覚する

　経験年数が少ない頃の私は、感覚的に「うまくいっている」と感じることのほうが多かったように思います。しかし、年数を重ねるにつれ、「うまくいっている」と感じることは少なくなりました。

　以前は「集団」の動きや状態ばかりに目がいき、「個」が見えていなかったからです。だからこそうまくいっていると錯覚をしていたのです。「個」が育てば「集団」が育つ。逆も然りです。「集団」が育つことで「個」が育ちます。

　実際、「集団」が育つことで「個」が生き生きしてくる場面もよく見てきました。ですから、決して「個」だけを見るべきだと主張しているのではありません。「集団」に傾倒し、強制力を働かせすぎていたがた

めに見えていなかった「個」が多すぎた、そのことへの反省なのです。

◖◗ 失敗ばかりの毎日

　自分の一方的な見方や決めつけから失敗する経験が多くありました。たとえば、自分の中でのイメージの固定化です。当時、日常の行動が必ずしも望ましいと思えない子がいました。何か問題があったときに「またこの子が関係しているだろうな」と考えるようになっていました。「また、Aさんか…」という感じです。

　ある日のプールでの出来事。まだ入っていいという合図がないのに「ドボン」の音が。「こら、Aか！」と、私はつい叫びました。

　しかし、Aさんは私のすぐ近くにいました。「なんでいつもぼくばっかり！」と言ってAさんはその場を出ていきました。Aさんはきっと私が「またAか」と感じていることを敏感に察知していたのでしょう。本当に申し訳なく思い、何度も謝りました。Aさんのことを一面的にしか見ていなかったことを深く反省しています。こんな失敗が山ほどあります。

◖◗ 授業研究サークルで「個」を見取るように

　さらに「個」を詳しく見ていくようになったきっかけの一つは、私的な研究会（「山の麓の会」）を立ち上げて、詳細な記録をとるようになったからです。

　この研究会では徹底的に文書記録とビデオ記録をとり、子どもの姿から授業を語ることに努めます。子どものエピソードや子どもの個人名が多く出てくる研究会です。その子の学びがどう変化し、その子がどう学んできたのかを中心に語るようになりました。

　そうしていくうちに、「個」を見ていくのは当たり前になりました。

　感覚だけで見取るのではなく、目の前の事実、そしてそこから考えられることをあらゆる方面から見取っていくことが重要だと感じました。

そのためには、その根拠となる「子どもの記録」がやはり欠かせませんでした。

◖◗✦「子どもの記録」から自分を問い直す

授業記録では、授業内での教師の言葉、子どもの言葉をすべて記録し、「ありのまま」を書くようにしました。授業を撮ったビデオを見ながら**「ありのまま」を書くことで見えてくる**ものが多くありました。

たとえば、子どもの表情や子どもの仕草、子どものつぶやきなどです。それらを詳細に見ていくことで、自分がいかに子どもを見ていないかということにも気づかされました。

それから、子どもの姿をもとに省察するようになりました。「このAさんの発言の意図はこういうことだったのか」「自分の説明がBさんの考えを弱くしてしまっているな」などです。自分の授業は「うまくいかないこと」ばかりで、見ているとつらくなります。

しかし、「うまくいかない」ことを受け入れることで、自分自身を問い直すことができます。そこから改善策や自分のあり方を考えるようになりました。これもすべて子どもの姿が教えてくれたことです。

授業を教師目線から子ども目線で見るようにすることで、教師が何をしたいのかという発想から、子どもが何を求めているのかという発想に変わっていきました。

そうすることで、授業を創ることがどんどん楽しくなっていきました。「きっとCさんはここで驚くだろう」「ここでDさんの発言を活かしたいなぁ」など、一人ひとりの子どもの顔や姿が浮かぶようになったからです。子どもが愛おしくなる時間が増えました。

子ども目線で考えることの大切さを「子どもの記録」を詳細にとるという行為から見出せるようになったと感じています。当たり前のことですが、あたたかいまなざしをもってその子の具体を「みる」。それがスタートです。

（宗實）

② 「見取る」と 「よりよい学び」の関係性

◉◉ 子どもを「見取る」とは？

　「見取り」とは、「子ども理解」とほぼ同じ意味で考えられますが、「見取り」のほうが教師の働きかけが前面に出る感じがします。

　子どもを「見取る」とは、次のように考えています。

- 積極的に、意識的に、継続的に、子どもに関わること
- 子どもの世界に近づこうとすること
- 子どもの内面をありのまま、丸ごと捉えようとすること

　一言で言えば、「子どもの外に出る『表現』という事実を通して子どもの世界に近づき、子どもの内面を理解しようとすること」だと考えます。それを支えるのは、子どもへの共感、愛情、敬意、願いであり、教師の感性、人間観、子ども観、授業観だという捉えです。

　右ページの図のようなイメージになります。

◉◉ 「見取る」ものは何か

　教師は子どもの何を「見取る」のでしょうか。

- その子の感情
- その子の想いや願い
- その子の苦労

- その子の悩みや葛藤
- その子の問題意識
- その子の興味・関心のあり方
- その子の考え方や感じ方
- その子の理解の仕方
- その子の学習方法
- その子のつまずき
- その子の得手不得手

などが考えられます。その子の生きている「世界」であり、その子の学びの「現在地」であり、その子が学び続ける「物語」です。

　「見取る」ということは、その子の学びの現状を探り、その子の生き方や学びのあり方を確かなものにしていくことです。

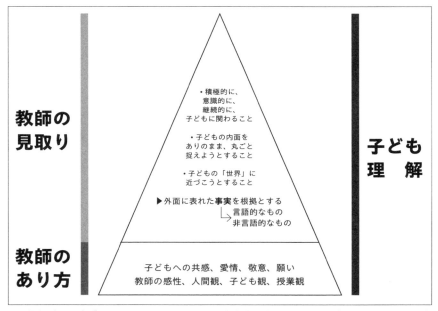

・積極的に、意識的に、継続的に、子どもに関わること

・子どもの内面をありのまま、丸ごと捉えようとすること

・子どもの「世界」に近づこうとすること

▶外面に表れた**事実**を根拠とする
　　　　┗→言語的なもの
　　　　┗→非言語的なもの

教師の見取り

子ども理解

教師のあり方

子どもへの共感、愛情、敬意、願い
教師の感性、人間観、子ども観、授業観

平野朝久（1994）『はじめに子どもありき―教育実践の基本』（学芸図書）を参考に筆者作成

◖◗ どのように「見取る」のか

　子どもの思考や感情は子どもの内面の動きなので目には見えにくいものです。そこで、外面に表れた事実を根拠とする必要があります。

　たとえば、

言語的伝達	非言語的伝達
ノート（記述）	しぐさ
ICT端末（記述）	姿
発言	表情
つぶやき	目線
日記	態度
作文	作品（製作過程も含む）

などが考えられます。

　「言語的伝達」とは、話し言葉によるコミュニケーションを指し、「非言語的伝達」とは、言語によらないコミュニケーションのことを指します。

　これらはすべて子どもの「表現」と捉えることができます。長岡文雄（1975）は、「子どもが何等かの形で自己表現をしなければ、教師は子どもをとらえるすべがない」と述べ、子どもが表現することの重要性を主張しています。

　子どもの表現を受け止め、そこから子どもを見取ろうとするからこそ、子どもたち一人ひとりの学びを支えることができます。

◖◗ 「見取り」と「子どもの表現」の好循環

　子どもたちは教師の言動やあり方をよく見ています。教師が自分の「世界」を読み取り、考えようとしてくれる存在であれば、子どもたちは心を開きます。心を開けば、子どもたちはどんどん表現するようになりま

す。表現するようになれば、教師はまた子どもを見取りやすくなります。正に好循環です。

子どもの表現は、子どもの学びの表れでもあります。

子どもを「見取る」ことは子どもの学びを支えることであり、子どものよりよい学びを促進させることにもつながります。

◐◑✦ よりよい学びのカタチは「見取り」から始まる

授業や学習において、その教科の本質的な目標や内容を捉えることが重要です。しかし、子どもの問題意識を欠いてしまった目標は意味をなしません。子どもがどこに学ぶ価値を感じるのか、教師が子どもの側に立って考えるようにします。

今現在の目の前の子どもたちの問題意識や興味・関心は何なのかをしっかりと把握した上で、教材研究を行います。教科の目標や内容と子どもの実態のバランスを考えることが重要です。

そして、学習を進めていく中で、子どもの思考の動きに合わせて教師は目標や内容を再度吟味し、よりよいものにしていこうとする柔軟さが必要です。

子どもの学びの様子は刻々と変化します。その子どもの学びを受け止める器を大きくするために、教師は教材研究を進めます。器が大きければ大きいほど、一人ひとりの子どもの学びに対する手立てや支援が行いやすくなります。

つまり、子どもの「見取り」があってはじめてよりよい学びのカタチが成り立ち、子どもたちは安心して学びを進めることができるのです。

(宗實)

〈参考文献〉
平野朝久（1994）『はじめに子どもありき―教育実践の基本』学芸図書
長岡文雄（1975）『子どもをとらえる構え』黎明書房

③ 子どもたちを見取る場面

何をどんなときに見取る？

　子どもたちを見取るのは「授業中だけ」と思っていませんか。もちろん、授業中には子どもたちのさまざまな学びの姿が見られます。まずは、授業中での「その子」の姿に注目することはとても大切です。ただ授業外にも学びにつながるさまざまな「その子」の姿が表れます。

いつ、何を見取るか

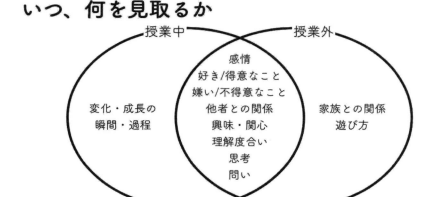

いろいろな場面でも「その子」を見取るからこそ、より知ることができる

　上記のようにベン図に整理してみると、「授業中（外）だからこそ見取れること」「授業中、授業外どちらでもきちんと見取っていくこと」があることに気づきます。

◖◗ 授業中に見取る

　授業中には、その子の学びにグッと注目して見取ることができます。悩んだり、つぶやいたり、考えを表現したり…と、子どもたちのさまざまな学ぶ姿が表れるでしょう。

　リアルタイムでその子の学びや思考等を見取ることを大切にしたいものです。絶えずその子の現在地を捉えて、小さな変化や成長を見つけようとします。

　また、授業中だからこそ見られる他者との関係や感情もあります。「学習と関係ないのでは？」と思われるかもしれません。

　しかし、子どもたちは常に他者との関係の中で生活して、自分の感情と向き合いながら学習しています。子どもたちの学びを支えるものについても、丁寧に見取っていきたいものです。

◖◗ 授業外に見取る

　授業外には、その子の生活する自然な姿を見取ることができます。その子の「学習」は、学習場面だけで成り立っているわけではありません。その子の人となりや生活等、あらゆる背景がその子の学びを支えています。

　だからこそ、授業外の姿を見取ることは欠かせません。遊び、家族との関係等、あらゆる場面における「その子」を見取ることで、「その子」を丸ごと知ろうとします。

　また、「授業中だけ学ぶ」ということはあり得ません。

　興味のあることに没頭したり、気になることを自主学習したり、授業中にわからなかったことを宿題で取り組んだり…と、授業外にもさまざまな学ぶ姿が見られます。こうした姿を丁寧に見取ることで、授業中での学びにつなげていくことができます。

（若松）

4 子どもたちを見取る ポイント①（教師視点）

◖◗ 教師視点で子どもたちを見取る

　子どもたちの「個の学び」を大切にするからといって、「すべてを任せる」というわけではありません。教師が、きちんと「子どもたちに育てたい力」を持って子どもたちを見取るようにします。

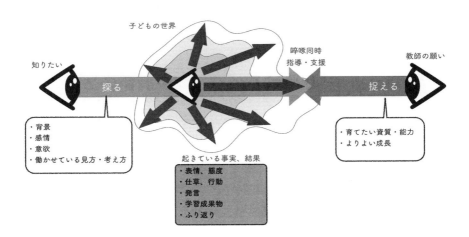

　教師視点で、子どもたちの現在地を「捉える」意識を持って見取ります。そうすることで、子どもたちに足りない視点や知識等を把握することができます。

　図の右側の視点が「捉える」を表しています。教師の願いを持ち、起きている事実や結果を「捉える」視点で見取ります。

◖◗ 「育てたい資質・能力」と照らし合わせる

　「こんな力をつけたい」「こんなことがわかるようになってほしい」と、いろいろな思いを持たれる先生が多いでしょう。そのような思いがあふれてくることはとても素敵なことです。

　ただ、あれもこれも…となると、何を大事にすればよいかわからなくなってしまいます。そうなると、子どもたちの何を見取ればよいかもわからなくなってしまいます。

　そこで、「育てたい資質・能力」に注目します。各教科の学習指導要領に書かれている目標や指導事項をもとに「こうした資質・能力を育てたい」を明確にします。

　明確にすればするほど、子どもたちの現在の姿を丁寧に見取ることができます。「まだこの視点が足りない」「ここまではできるようになった」と見取ることで、次の指導や支援を考えることができます。

◖◗ 「よりよい成長」を意識する

　学び方や他者との関わりなど、学習を通してその子自身の「よりよい成長」を支えることも意識して見取ります。

- 他者の考えを聴いて自分の考えを伝えられるようになってほしい
- 自分の理解度合いを自分で把握して学習に臨めるようになってほしい
- 自分の感情と丁寧に向き合えるようになってほしい

…と教師が願いを持つからこそ、子どもたちの現在の姿を見取って、さらなる成長に向けて指導や支援を行うことができます。

　いきなり理想の姿にたどり着くわけではありません。小さな成長を丁寧に見取って、「よりよい成長」へと進む姿を支えます。　　　　　（若松）

子どもたちを見取る
ポイント②（子ども視点）

◖◖ 子ども視点で子どもたちを見取る

　「教師の願い」をもとに子どもたちを見取ろうとするだけでは、見えない子どもたちの姿が出てきます。ついつい「ゴールの姿」だけで子どもたちを捉えてしまうからです。

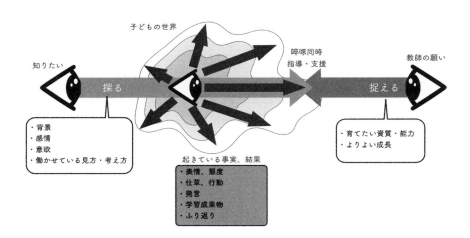

　そこで、子どもたちの視点を探ろうとして見取ります。その子の背景や感情、意欲等を受け止めながら、その子が見ている世界を知ろうとします。
　図の左側の視点が「探る」を表しています。その子の世界を「知りたい」と思いながら、起きている事実や結果を「探る」視点で見取ります。

◐◖ 子どもの世界を丸ごと受け止めようとする

　子どもたちは、教師の願うところだけに向けて自分の世界を広げていくわけではありません。授業中にも、いろいろなことに着目したり興味を持ったりします。

　その世界は子どもたち一人ひとりによって違います。なぜなら、これまで経験してきたことや持っている知識が違うからです。子どもたち一人ひとりの背景を見取ることで、その子の世界を探ることができます。

　長岡文雄が「探る」と表現したのは、教師が「完全に知る」ことなどできないからでしょう。その子の感情や意欲、働かせている見方・考え方などを想像することはできても、「絶対にこうだ」と言い切ることはできません。

　それでも見取りながら探り続けることで、その子のことを少しずつ理解していくことができます。「探ろう」とする教師の意思や働きかけがあるからです。

◐◖ その子の願いと教師の願いの重なりを見つける

　教師視点で「捉える」と子ども視点で「探る」とが重なるところでよりよい指導や支援を見つけることができます。

　「啐啄同時」という禅語が表すように、その子の願いをもとにした生活や学習と、教師の願いをもとにした指導や支援がちょうどよいタイミングで重なることで、その子のよりよい成長が生まれます。

　自分の見取りが教師視点と子ども視点のどちらに偏っているかを捉えると、これからさらに意識すべきことが見つかるでしょう。どちらかに偏らず、絶えず往還していくことを大切にしたいものです。　　　　（若松）

〈参考文献〉
長岡文雄（1975）『子どもをとらえる構え』黎明書房

子どもたち一人ひとりの 学びを支える教師の役割

◖◗ 教師の役割は二つ

教師の役割を大別すると、次の二つが挙げられます。

---

① **指導すること　（直接と間接）**
② **支援すること　（直接と間接）**

「指導」と「支援」について、国語辞典『大辞林第四版』（三省堂）では、次のように記されています。

指導＝ある意図された方向に教え導くこと。
支援＝他人を支えたすけること。

「指導」は子どもを教え導くこと、「支援」は子どもを支えることが大きな役割だと考えられます。「教え導くこと」と「支えること」は捉え方の枠組みが大きくなります。そこで、もう少し細かく分けます。

- 直接指導→教授型授業など、教師の意図的な働きかけ
- 間接指導→グループ学習やペア学習という学習形態、ワークシートやミニホワイトボードなどの学習資料やICT端末を活用した働きかけ
- 直接支援→教師が子どもに聞いたり面談したりしながら直接関わる支え方

- 間接支援→物的な環境や人的な環境を整え、活動の場を調整しながら間接的に関わる支え方

◖◗ 教師の直接支援と間接支援

　「子ども主体」という言葉が重視されるようになり、支援の側面が強調されるようになりました。「子ども主体」とは、決して子どもが好き勝手することでもありません。子どもを放任することでもありません。子どもが自ら選択し、決めながら学習を自律的に進めることです。

　こうした子どものよりよい学びを支えるために、教師の役割を考えていく必要があります。上記の「直接支援」と「間接支援」が考えられます。

　具体的には、「促す」「声をかける」「問いかける」「価値づける」「尋ねて考えさせる」「フィードバックする」「判断や選択の方法を教える」「学び方を教える」などの直接支援、「子どもの表現が表に出せる雰囲気をつくる」「協働的に学べる場をつくる」「その子にとっての最適な学びを促す」「学習材や学習形態の工夫をする」「子どもの裁量権を増やす」などの間接支援です。

　また、教師の存在自体が支援となることもあります。教師の存在があることで子どもが安心して活動に向かえるならば、それも立派な支援です。支援は、技術というよりも、教師の教育観や子ども観、子どもを見取る教師の目の確かさに大きく左右されます。

◖◗ 支援の根っことなるもの

　以上のような支援を考えるにしても、その子の実態がわからなければ適切な支援を行うことはできません。これら教師の役割であるさまざまな支援の根っことなるものが、「教師の子ども理解」であり、「教師の見取り」となります。教師の役割を考えることは、教師にしかできないことは何なのかを明確にすることからはじまります。

◐◑ 「教師の役割」を考える具体例

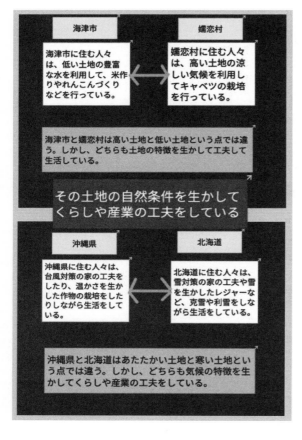

一つの授業をイメージしてみます。5年生社会科「あたたかい土地のくらし・寒い土地のくらし」の単元です。

まずは教師が教材を決めます。その教材を通して獲得させたい概念的知識や働かせたい見方・考え方を明確にし、子どもの発言レベルで考えます。

たとえば、「具体的な事例を調べて、その土地の気候を生かした産業を行っていること」「その土地の気候によるマイナス面もあるけど、それを克服する人々の工夫と知恵があること」などです。

展開例として、まずは沖縄の家と北海道の家を提示します。「どこの家だろう？」「なんでこんなに違うのだろう？」など、子どもたちの中でさまざまな問いが生まれます。

それぞれが沖縄と北海道の家だと理解した後、「きっとそれぞれの気候と関係した家になっているんだ」「家以外にも気候と関係するものがきっとあるよ」などの予想をします。それらの予想をもとにそれぞれの家と気候の関わりやその他に工夫されている事実を調べていきます。

◑◐ 見取りをもとに、学習のあり方を考える

　調べていく中で、子どもたちがどのような学び方で学び、どのように理解しているのかを見取ります。

- 低い土地・高い土地の学習の時と同じように、比較しながら見ることができているかな。
- 気候を克服したり生かしたりしているという両面から迫れているかな。
- ネット情報だけでなく、教科書や資料集も効果的に活用できているかな。

などを考えながら見取るようにします。もし、足りない部分があれば違う方法を促したり、新たな視点を与えたりします。

　たとえば、子どもが新たな視点を得るために教師から「『利雪』っていうものがあるんだけど、どういうことだと思う？」などの問いを与えることもあります。誰かの問いを全体に広めることもあります。「なぜ沖縄では小菊の出荷時期をずらしているのか、その理由を考えてみたらどう？」など、一人ひとりに対して助言を行うこともあります。

　また、子どもの見取りは、子どもへのフィードバックのためだけに行うのではありません。

　見取ったことをもとに、これからの学習のあり方を考えます。

　たどり着かせたいゴール（ねらい）が明確であるからこそ、子どもの学びの事実に合わせて学びの道筋を柔軟に変更することができます。

　最終的には学習方法や学習内容についてのふり返りを促します。

　一つの例として簡単に示しましたが、これら一連が学習における教師の役割として考えられます。　　　　　　　　　　　　　　　　（宗實）

7 個別最適な学びと協働的な学びを実現する見取り

◉◉ 「指導の個別化」と「学習の個性化」

　「個別最適な学び」とは、「個に応じた指導」を学習者の視点から整理した概念です。そこには「指導の個別化」と「学習の個性化」が含まれます。以下の表のように整理します。

	指導の個別化 方法概念	学習の個性化 目標概念
目的	学習目標をすべての子どもに達成させ、基礎的学力を定着させること	子どもの興味・関心に基づき、特性や個性を育成すること
個人差	**量的な個人差** ・進度差 ・到達度差 個人差を踏まえた指導	**質的な個人差** ・学習スタイル差 ・興味・関心差 ・生活経験差 個人差を活かす指導
学習モデル	自由進度学習 習熟度別学習 完全習得学習	順序選択学習 課題選択学習 課題設定学習

安彦忠彦（1980）『授業の個別指導入門』（明治図書出版）、水越敏行（1988）『個別化教育への新しい提案』（明治図書出版）を参考に筆者作成

　子どもの学びを支え、子ども一人ひとりの特性や個性を活かした「個別最適な学び」を実現するために、子どもたちの間に存在する個人差に着目します。

　進度差や到達度差などの量的な個人差を踏まえた指導、学習スタイル差や興味・関心差などの質的な個人差を活かす指導を行うことが重要で

す。その個人差は、当然一人ひとりの子どもによって違います。

　その一人ひとりの持つ個人差に応じた多様な教材・学習時間・学習方法などを提供し、子どもの学びを支える必要があります。そうするためには、教師はまず目の前の子どもたちの実態を捉えなければいけません。実態把握があってはじめて個人差に着目した指導や支援を行うことができます。

◐◐ きめ細かく指導・支援すること

　子どもの実態把握をするために教師は、一人ひとりの子どもの学びを見取ることが重要です。

　中央教育審議会答申「『令和の日本型学校教育』の構築を目指して」には、次のように記されています。

> 　これからの学校においては，子供が「個別最適な学び」を進められるよう，教師が専門職としての知見を活用し，子供の実態に応じて，学習内容の確実な定着を図る観点や，その理解を深め，広げる学習を充実させる観点から，カリキュラム・マネジメントの充実・強化を図るとともに，これまで以上に子供の成長やつまずき，悩みなどの理解に努め，個々の興味・関心・意欲等を踏まえてきめ細かく指導・支援することや，子供が自らの学習の状況を把握し，主体的に学習を調整することができるよう促していくことが求められる。
>
> （下線筆者）

　「これまで以上に子供の成長やつまずき，悩みなどの理解に努め，個々の興味・関心・意欲等を踏まえてきめ細かく指導・支援すること」という部分に着目します。一人ひとりの学びを見取り、一人ひとりの子どもに応じてきめ細かい指導や支援があってこその「個別最適な学び」だと捉えることができます。

　「個別最適な学び」を考える際に話題となることの多くは学習方法等の形態論ですが、「個別最適な学び」の本質は子ども理解であり、本書

のテーマである「子どもを見取ること」だと考えます。

◐◑ 「子ども」を主語にする

「個別最適な学び」を実現するポイントは、「子ども」を主語にして学習を考えることです。

子どもが学習方法を選択すること、子どもが学習する目標、内容を決めること等、子ども自身が自分で学習を進めているという意識を持つことが重要です。子どもが自分にとって最適な学びを見つけ、自己調整しながら自律的に学ぶ姿が望まれます。

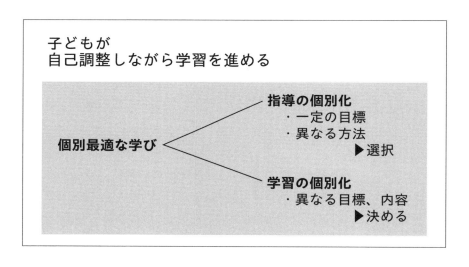

しかし、一人ひとりの子どもにとって最適な学びを見つけることは容易ではありません。一人ひとりの子どもにとって最適な学びを見つけるために、まずは教師が一人ひとりの子どもを見取り、その子にとって最適だと思われる学びや環境を提供していく必要があります。

長岡文雄（1975）は、「子どもをさぐる」という表現を使っています。子どもを探り、子どもを捉えようとする教師の姿勢が大切です。

◐◑ 「子どもの見取り」がすべての土台

　「個別最適な学び」と「協働的な学び」を一体的に充実させ、主体的・対話的で深い学びを実現し、子どもの資質・能力を育成することを目指します。その目的と手段の土台となるものが、「子どもの見取り」です。

　きめ細やかな指導や支援につながる「子どもの見取り」ができてはじめて、「個別最適な学び」が充実します。その「個別最適な学び」と「協働的な学び」を一体的に充実させることで、主体的・対話的で深い学びの実現につながり、子どもの資質・能力が育成されると考えられます。

　資質・能力の育成が目的となれば、主体的・対話的で深い学びの実現が手段となります。主体的・対話的で深い学びの実現が目的となれば、「個別最適な学び」と「協働的な学び」の充実が手段となります。

　どのレベルで考えるかによって変わりますが、すべての土台となるものが「子どもの見取り」だということを忘れないようにしたいものです。

（宗實）

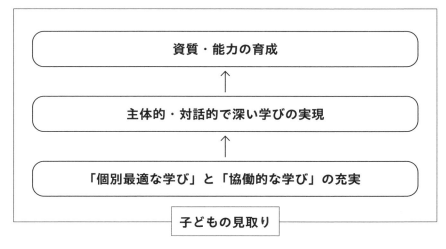

〈参考文献〉
安彦忠彦（1980）『授業の個別指導入門』明治図書出版
加藤幸次（1982）『個別化教育入門』教育開発研究所
水越敏行（1988）『個別化教育への新しい提案』明治図書出版
長岡文雄（1975）『子どもをとらえる構え』黎明書房
宗實直樹（2023）『社会科「個別最適な学び」授業デザイン　理論編』明治図書出版

8 過去の研究をもとに

◖◗ 「個別」概念の歴史

　一人ひとりの子どもに着目した「個別」の概念は新しいのでしょうか。そんなことはありません。明治時代からはじまり、それぞれの時代で「個」に焦点をあてた研究と実践がされてきました。

明治時代における「個別」の概念の萌芽	樋口勘次郎が『統合主義教授法』を著す。樋口は教師主導のわが国の教授を批判し、子どもの学習活動を重視する「活動主義」を主張した。子どもの学習活動を重視する「新教育」の思潮が色濃くあらわれ、体型的な理論づけを行った。
花開く「大正自由教育」	篠原助市の新カント派理想主義に基づき「個性の尊重」が共通の理念となった。篠原教育学は、友人である手塚岸衛の実践によって、「千葉の自由教育」として開花し、成城小学校、奈良女高師附属小学校とともに全国の学校に大きな影響を与えた。
戦後の「新教育」	アメリカの教育の影響を受け、「新教育」は再度日本でも盛り返した。新しい教科として誕生した社会科は、主体的な問題解決学習をさかんにし、多様な学習活動を展開した。「個性」重視の教育が行われたが、学力の大幅な低下が問題となり、1960年代は最先端の知識を詰め込むことこそ必要だという「現代化運動」に傾斜していった。
1970年代以降の「個別化」ブーム	1970年代、再び子ども中心の教育という考え方が広がった。オープン教育やフリー・エデュケーション等、さまざまな形で主張や実践が出てきた。1971年に中教審答申（四六答申）が出される。豊かな個性を伸ばすことを重視すること、個人の特性に応じた教育を行うこと等、個別最適な学びの考え方がここで登場した。
現在の「個別最適な学び」	社会情勢やニーズの多様化に合わせて産業構造や働き方が大きく転換し、Society5.0に向けて求められる人材像が変化してきた。一人ひとりの感性、興味関心に応じ、一人ひとりの理解状況や能力、適性に合わせて個別に最適化された学びを目指す。

時代背景等、その当時によって様相は違いますが、「個別」概念は、時代を経ながら取り上げられてきた概念だと捉えることができます。

◉◉ 子どもを理解するための実践研究

　高度経済成長期から1990年代における子ども研究について、民間教育研究団体が大きく活躍しました。たとえば、「社会科の初志をつらぬく会（初志の会）」「全国生活指導研究協議会（全生研）」「同和教育における教材と授業研究会（同授研）」などがあります。

　ここでは、私自身が大きく影響を受けている「社会科の初志をつらぬく会」（以下、初志の会）について紹介します。初志の会が追究する問題解決学習は、個を大切にし、個を育てようとするものでした。

　初志の会の授業研究では、子どもの事実からはじまり、子どもの姿を中心に授業研究が進められます。単なる指導技術を問題にするのではなく、教師の子ども理解、自己変革を目指したものと考えられます。

　たとえば、「カルテ」の実践があります。「カルテ」とは、上田薫と安東小学校の協働のもとに生み出されたもので、「教師自身の子どもに関する驚きをメモする」というものでした。

　何度も子どもの捉え直しを行い、子どもをより深く理解していこうとする営みです。星野恵美子（1997）によると、上田薫は「カルテは広い時間と空間を十分に活用する人間把握」と定義づけていたようです。子どもを見取り、子どもを理解するための具体的方法といえます。

　このように子どもを見取り、理解するための実践的な方法は多くの教育研究団体や個々人の実践研究で行われ、今も引き継がれています。本書でもそれらの方法を意識した実践を紹介していきます。　　　（宗實）

〈参考文献〉
樋口勘次郎（1982）『統合主義新教授法（復刻版）』日本図書センター
全国教育研究所連盟編（1992）『個を生かす教育の実践』ぎょうせい
上田薫／静岡市立安東小学校（1970）『ひとりひとりを生かす授業―カルテと座席表―』明治図書出版
星野恵美子（1997）『「カルテ」で子どものよさを生かす』明治図書出版

第 2 章

まずは「授業中」に
子どもを見取る！

授業はじめの様子を見取る（国語）

◑◐✦ 写真でわかる見取りポイント

　授業はじめは、子どもたちが自分の「今日のめあて」をグループ内で伝え合うようにしています。前時までに学習したことをもとにして、自分なりに今日の学習で大事にしたいことや明らかにしたいことを決めます。その際、主に以下のような３点を見取ります。

（６年国語「海の命」（立松和平・光村図書））

②「向かおうとしているところ」を見取る
これまでの学びや「今日のめあて」をもとに探る

①「現在地」を見取る
「今日のめあて」として表現していることをもとに捉える

③その子の「感情」を見取る
表情や仕草をもとに探る

①「現在地」を見取る（捉える）

　Aさんは、「瀬の主と向き合っていた時の太一の心情の『ゆらゆらしたところ』について読み深めたい」とBさんに伝えていました。

　前回、グループで考えを聴き合った際に、Cさんが「太一は、瀬の主を殺せなかったのか、殺さなかったのか」といった「問い」を持って読んでいることに影響を受けたようでした。

　この単元では「人物の生き方に着目して物語文を読めるようになってほしい」という私の願いがあったため、Aさんのめあてはそこに近づいていることがわかります。

　授業中には、「これまでの太一の生き方（おとうや与吉じいさとの関わりや生き方も含む）や思いとつなげて、この場面をどのように読み進めるのか」を意識してAさんを見取っていこうと思いました。

　また、Bさんの「おとうと与吉じいさが太一に与えた影響に注目して読み深めたい」という「今日のめあて」を聴き、Aさんは与吉じいさと太一が関わっていた場面を読み直していました。

　これまで、おとうと太一の関わりを中心にこの場面を読み進めていたので、今日は与吉じいさとの関わりや生き方ともつなげて読み進めるのではないかと捉えました。めあての交流を通して、Aさんが視野を広げて読み直そうとしていることを捉えていきました。

　こうして、教師の願い（本単元で育てたい資質・能力）と照らし合わせながら、Aさんの現在地を捉えていきます。もちろん、「今日のめあて」だけではすべてを捉えきることはできませんが、本時で何に注目して見取るかを考えるきっかけとなります。

　授業はじめの時間に、すべての子の現在地を一気に見取ることは不可能です。そこで、事前に「この子の現在地を捉えよう」と決め、その子の傍に寄ったり、「今日のめあて」をチャット等で表出できるようにしたりしながら見取りができるようにします。

◐◑ ②「向かおうとしているところ」を見取る（探る）

「今日は瀬の主と向き合っていた時の太一の心情の『ゆらゆらしたところ』について読み深めたい」というAさんのめあての背景を探ることも大切にします。

Aさんはこれまでも「太一の心情の変化」を読み進めてきましたが、「瀬の主と向き合っていた太一」について「殺せなかった」としか考えていませんでした。

だからこそ、前時にグループのCさんの読みがAさんに響いたのでしょう。「太一は瀬の主を殺さないで済んだ。」「太一は泣きそうになりながら思う。」「水の中で太一はふっとほほえみ…」と、注目し直す文章が増えて、自分の視野が広がったことを感じて、「もっと『ゆらゆらしたところ』について読み深めたい」となりました。「今日のめあて」にもつながります。

「今日のめあて」には、その子がこの1時間で追究したいことが表れています。どのような内容であれ、その子の「○○を明らかにしたい」「△△を考えたい」を大事に受け止めたいものです。

教師としては、「この表現に着目してほしい」「この文章についての読みを深めてほしい」という願いを持っています。しかし、まずはAさんの「太一の心情の『ゆらゆらしたところ』について読み深めたい」というAさんなりの願いを大切にします。そして、Aさんが「海の命」の読みの世界をどのように広げていくかを探るようにします。

◐◑ ③その子の「感情」を見取る（探る）

Bさんに「今日のめあて」を伝える際、Aさんは前時の学びを思い出したのか、とても楽しそうに話していました。これから読み進めていくことを楽しみにしている様子が伝わってきました。

その熱はBさんにも伝わっていきました。Bさんも「殺さない？　殺せない？　どちらも？」と、モヤモヤして考えることを楽しんでいまし

た。「モヤモヤする」「ワクワクする」ことは子どもたちの中で自然と伝わっていくものです。

　もちろん、中には浮かない表情をする子もいるでしょう。

- 今朝、お家の人とケンカをした
- 休み時間に嫌なことがあった
- 自分の中ではやりきったので、もう読み進めたいテーマがない
- 気になることがたくさんあり過ぎて、何をすればよいか迷っている

…と、その子によって理由があるはずです。その理由を探りながら、教師としてできる指導や支援を見つけます。授業はじめの「浮かない表情」をしっかりと見取ることで、授業中ずっと「浮かないまま」でいることを防ぐことができます。

◐◑ 授業中の見取りを支えるために

　授業はじめには、子どもたちのこれからの授業に対する思いが表れます。子どもたちの現在地を捉えた上で、「どこに向かおうとしているか」を探ることで、授業中に教師がどのような指導や支援をすればよいかを考えることができます。

　単元導入時以外は、授業はじめに

- 前時の学習をふり返る
- 自分の「今日のめあて」を表現する

という場をつくります。こうした場をつくることで、より子どもたちのことを見取りやすくなります。授業はじめは子どもたちの学習のつながりを大切に支える大切な時間です。

（若松）

② 学習している様子を見取る（国語）

◉◉ 写真でわかる見取りポイント

　子どもたち一人ひとりが自分の「問い」をもとに作品を読み深めている様子です。本文を根拠にして、感じたことや考えたことを紙ノートやタブレットPC上で表現しています。その際、主に以下のような３点を見取ります。

（６年国語「海の命」（立松和平作・光村図書））

② 「向かおうとしているところ」を見取る
学習材との向き合い方をもとに探る

① 「現在地」を見取る
学習表現物をもとに捉える

③ その子の「感情」を見取る
表情、しぐさをもとに探る

◖◖✦ ①「現在地」を見取る（捉える）

　Aさんは、「誰のどんな生き方が太一にどのような影響を与えたのか」というテーマで読み進めていました。単元はじめは「太一の心情の変化」が気になって読み進めていたのですが、他者と協働して学ぶことで、さまざまな登場人物が太一にどのような影響を与えたのかが気になるようになりました。

　私は、これまでのAさんの読みを捉えた上で、

- 「おとう」「与吉じいさ」の言動や行動にもっと注目できるといいな。
- 単に「どちらに影響を受けた」で終わらせるのではなく、それぞれから学んだことが複雑に絡み合って今の太一に表れていることに目を向けられるといいな。
- 最後にクエと対峙した時の太一に注目することで、このテーマに対する考えが深まるのではないか。

…といった教師の願いを持っていました。その願いをもとに、Aさんの学ぶ姿を捉えていこうとしました。

　Aさんが学ぶ様子や学習表現物を見ながら、

- おとうと与吉じいさの言動に注目して考えているな。丁寧に比べることで、それぞれの言葉の意味について考えることができているな。
- 今、太一とクエと対峙しているページを開いているな。まだ何も考えを表現していないが、ここに何か大きく関係しているものがあると感じられるようになったのだな。
- 丁寧に整理しようとしているが、まだ「自分がどう考えるか」は書き切れていないようだな。
- まだ、母親のことはあまり意識できていないようだな。

…といったことを捉えていきました。

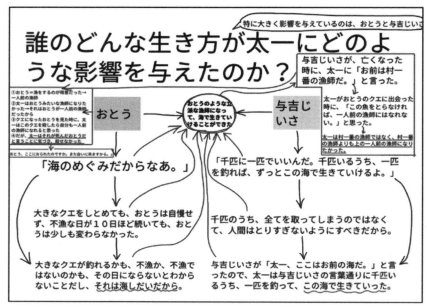

太一とさまざまな登場人物との関係をまとめたAさんのノート

　このように捉えることで、さらにこれからどのような指導や支援をすればよいかを考えることができます。Aさんに足りない視点を持っている子がいれば、その子と学び合えるようにすることで、自分たちで大切なことに気づいていくこともできるでしょう。

◖◗ ②「向かおうとしているところ」を見取る（探る）

　Aさんがどのように自分の読みの世界を広げていこうとしているのかを探ります。これまでの学習過程を知っているからこそ、Aさんの学習している様子を見ながら、

- 「太一の心情の変化」を考えていた時よりも、Aさんの中で広がった読みの世界はどのようなものだろう。
- 与吉じいさやおとうが太一に与えた影響を考えることで、さらに何を

明らかにしたいと考えているのだろう。

- 今、教科書○ページを開けているけど、何に注目しようとしているのだろう。
- 難しそうな顔をしているけれど、これは行き詰まっているのか何かひらめく直前なのかどちらだろう。

…といったことを考えながら、Aさんの学ぶ世界を探ります。もちろん、ほとんどが妄想です。ただ、こうして探り続けることで、Aさんの学びに寄り添った指導や支援を考えることができます。

◖◖ その子の学びを見取ることでわかること

　子どもたちは一人ひとり自分の読みの世界、学びの世界を持っています。パッと眺めているだけではわからないことが多いからこそ、「知りたい」「知ろう」と思って子どもたち一人ひとりを見取ることを大切にします。

　子どもたち一人ひとりを丁寧に捉えたり探ったりすることで、子どもたちと共に学習を進めることができます。それだけでなく、

- 大事なことに気づく筋道は、子どもたちによって違う。
- 子どもたちの現在地が違っているからこそおもしろい。

ことにも気づかされます。

　そうなると、学級全体の学びの場をどのようにつくるかのアイデアも生まれやすくなるでしょう。子どもたち一人ひとりの学びを活かしてつなげる場づくりを楽しんで考えたいものです。　　　　　　　　（若松）

学習している様子を
見取る（算数）

◐◑✦ 子どもが立ち止まった瞬間の表情を見る

　次のような時刻と時間の問題です。「学校を出る時刻が午前8時。学校に帰ってくる時刻が午後3時。遠足に行ける場所はどこだろう？」

・ 公園3時間・先生の家10時間・水族館8時間・動物園4時間

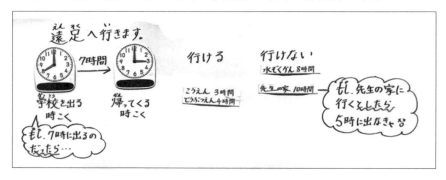

　学校を出て帰ってくるまでが7時間なので、行けるのは公園と動物園です。授業の中で次のような瞬間がありました。

Aさん　学校を出て、帰ってくるまで7時間あるから…。

Bさん　公園と動物園は行けるよ。

Cさん　水族館も行けるかな。

Dさん　あ～、もし学校を7時に出るのだったら行けるね！

教師　え、Dさんどういうこと？

Dさん　えっと、だって…。

　子どもが「だって」等のつなぎ言葉を使ったときには、周りにも問い

返します。

教師　みんな、Dさんの「だって…」の続き、想像できる？

　ここで全員の子どもの表情を見ます。考え込むような表情で首をかしげる子、下を向いて沈黙になる子、「あ！」という感じで目を見開いている子、さまざまな様子が見られます。子どもの表情を見ながら待ちます。ぽつりぽつりとつぶやきが聞こえてきます。

Eさん　水族館まで8時間。学校を出て帰ってくるまで7時間だから…。

Fさん　水族館はむりだよね。

Gさん　でも、もし7時に出たとしたら…。

Hさん　ギリギリOK！

Iさん　あ、そうか。ほんとだ！

　Dさんは、Cさんの間違いを指摘するのではなくて、「もしも」の状況をつくり出すことで、全員が思考する時間を与えてくれました。

　子どもが思考したり、友だちの気持ちを読み取ろうとしたりするとき、必ず沈黙の時間が必要になります。その際に、誰かがつぶやきそうなのか、まったく何も浮かばなさそうなのか、どれくらい時間を与えたほうがよさそうかを教師は子どもの表情を見ながら判断します。

●● 問題に働きかける子どもの言葉を見る

　「もし…」「だったら…」というのは、子どもが問題に働きかけている言葉です。「自分から問題に向かっている姿だね！」とその子に声をかけたり全員に広めたりして、大いに価値づけます。

Jさん　あ、だったら先生の家に行ける方法もわかった！

教師　どういうこと？

Jさん　もし学校を朝の5時に出るのだったら、先生の家まで行けます。

教師　どういうことかみんなわかる？

Kさん　はい。でも、それはめっちゃ早すぎるなぁ（笑）。

と和やかな笑いで終わった1時間でした。

（宗實）

④ 学習している様子を見取る（体育）

◐◑ ✦ 写真でわかる見取りポイント

　体育で跳び箱の学習をしている様子です。子どもたちは、自分の「できるようになりたいこと」をもとに取り組んでいます。その際、主に以下のような2点を見取ります。

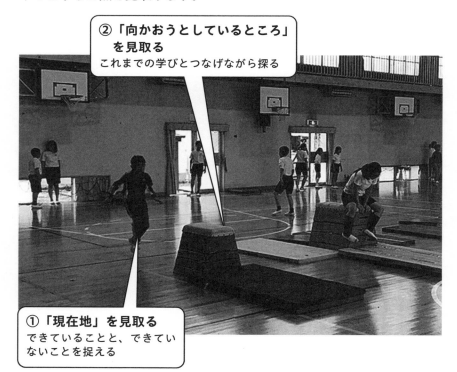

② 「向かおうとしているところ」を見取る
これまでの学びとつなげながら探る

① 「現在地」を見取る
できていることと、できていないことを捉える

◖◗ ①「現在地」を見取る（捉える）

　跳び箱をきちんと跳べるようになるためのポイントをもとに、Aさんの現在地を捉えます。

- 助走は適切にできているか。
- 手の付く位置はどうか。
- 跳び箱を押す時の腕はどうなっているか。

…等、教師がきちんと「捉える視点」をたくさん持っておくことで、「Aさんに必要なことは何か」を考えることができます。もし、うまく跳べないのであれば、その真因を見つけようとします。

◖◗ ②「向かおうとしているところ」を見取る（探る）

　Aさんがどのように跳び箱と向き合っているかを探ります。

- Bさんみたいに助走を速くすることにチャレンジしよう。
- 今日は、前よりもきれいに跳ぶことを意識しよう。
- 跳び箱の大きさがこわくて、あまり楽しくないな。

…など、その時々によってAさんの願いは異なります。本時だけでなく、これまでのAさんの様子を思い出しながら探ります。「Aさん」のことを丁寧に探ることで、必要な指導や支援を考えることができます。

◖◗ どの教科でも見取る視点は同じ

　すごくシンプルに書きましたが、「現在地を捉えて、願いを探る」という２つの視点で見取ることはどの教科でも同じです。体育での「見取る」に立ち戻ることで、大切なことが見えてくるでしょう。見取る視点をたくさん持てるように、日々学び続けることを大切にしたいです。

（若松）

学習している様子を見取る（社会）

◖◗✦ その子の追究の仕方を見る

5年生社会科「水産業がさかんな地域」の学習です。子どもたちは、地域の事例である「坊勢島（兵庫県姫路市）」の学習をした後に教科書の事例を調べていきました。

① 「現在地」を見取る
この子の思考方法を見る

② 「向かおうとしているところ」を見取る
何を導き出したいのかを見る

写真のAさんは、これまで常に「目に見えるもの」と「目に見えない もの」を往還した学びをしようとしていました。今回はどのように追究 するのだろうと考えていました。

　Aさんはベン図を選びました。Aさんの今までの学び方を考えてみる と納得です。しかし、比較の観点が明確ではありません。左側が「場所」 で右側が「魚をとった後の処理方法」になっています。また、左側が坊 勢島の個別な事例にもかかわらず、記述している内容は一般的な内容と なっています。

- やはり思考ツールを活用して考えようとしているな。
- ただ、観点が少し違う。比較対象がまだ明確ではないな。
- でも、「なぜ?」を問うて目に見えない特色を見出そうとしているの はいいな。

というようなことを私は考えながら、子どもの表現を見ています。

◑◑ 見取りと同時に考えること

　この後、どうするかを考えます。

①	直接この子に促す
②	全体で共有する
③	そのまま見守る

　たとえば、①の方法では、「ここは坊勢の事例だから、坊勢特有の環 境で書いたらいいかもしれないね」「左側は『場所』で、右側が『魚の 管理方法』だよね。比べにくくない?」と、助言したり比較の方法を促 したりします。

　②の方法では、「けっこう比較しながら追究している子が多いけど、 比べるときに工夫するといいことって何でしたか?」と全体に問いかけ

て観点を明確にするようにします。

　③の方法では、Aさんがだれかと交流したときや、学習が進んだときに自分で修正できることを考えて待つようにします。

　その子が何に関心を持ち、どのような学び方をしているのかを探ることが先決です。そして、その子がその先に向かおうとしている地点へ到達できるよう、どのように支えていくのかを考えることになります。

　今回のような助言をする、促す、全体で説明することも考えられます。同じように比較して考えている子同士でグループを組んで気づかせることも考えられます。

　見取ったその子の学びをどのようにつなげていくのか、その子の願いや全体の学びの様子と見合わせながら考える必要があります。

　教師が出るべきか、見守るべきか、総合的に考えて決断します。

◐◑ 見取りは瞬時の判断が大切

　授業中の見取りは瞬時の判断を要します。

- その子の学びの特性
- その子の学びの跡
- 教科の本質
- 教科で大切にしたい思考法

　これらが明確であるからこそ瞬時に見取り、その子に応じた助言等の支援ができるようになります。単元として獲得させたい知識、働かせたい見方・考え方、教材としての特徴をあらかじめ吟味し、把握しておく必要があります。

◐◑ 長い目で立体的に見取る

　右の写真は、先に紹介したAさんが6年生になって歴史学習をはじめた

ときのロイロノートです。上
側が「事実編」、下側を「意味
追究編」としています。つまり、
目に見える事実と、目に見え
ない意味や特色を分け、往還
しながら学びを続けています。
　「どうしてこうやって２つ
に分けたの？」と聞くと、
「やっぱり目に見えるものだ

歴史学習についてまとめたロイロノート

けではなくて、自分で目に見えないものを見つけられるようにしたいか
らです」というような返事が返ってきました。

　その子のこれまでの思考の流れから考えると当然なのですが、ここま
で自分で工夫できることは喜ばしいことです。

　その授業の中でのその子の学びを見取る必要がありますが、それとと
もに単元の中でのほかの一場面と結びつけて見取ること、他教科での一
場面と結びつけて見取ること、長いスパンで見取ることも重要です。

　一授業の一場面という点と点を結びつけて線にし、単元の中で結びつ
けることによって面にします。それを年間で積み上げることによって立
体にしていきます。さらに、他教科の学びの見取りと関連付けることで
その立体は強固でカラフルなものとなり、より豊かに子どもを見取れる
ようになるというイメージです。　　　　　　　　　　　　　　（宗實）

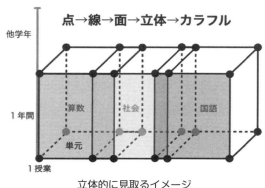

立体的に見取るイメージ

6 話し合って学習する 様子を見取る（国語）

◖◗✦ 写真でわかる見取りポイント

　子どもたちがこれまでに自分で物語を読み深めたことをもとにして、互いの考えを聴き合い、話し合いながら学習を進める様子です。その際、主に以下のような2点を見取ります。

（6年国語「海の命」（立松和平作・光村図書））

> **① 「現在地」を見取る**
> 話し合っている内容や、整理しているものをもとに捉える

> **② 「向かおうとしているところ」を見取る**
> 事前に考えていたことや一人ひとりのめあてをもとに探る

●● ①「現在地」を見取る（捉える）

単元の中盤になって、子どもたちの読み進めるテーマは、

- 誰のどんな生き方が太一にどのような影響を与えたか。
- 「この魚をとらなければ本当の一人前の漁師にはなれないのだ」と泣きそうになりながら思う太一について。

に絞られました。左写真のグループでは、「誰のどんな生き方が太一にどのような影響を与えたか」について、互いに考えていることを聴き合っていました。

　私は、子どもたちの話し合っている内容を聴いたり、Jamboard上に整理しているものを見たりしながら、

- グループ全体でどのような考えにたどり着いているか。
- 一人ひとりはどのような考えにたどり着いているか。
- その子や子どもたちの考えを支える根拠や論拠はどのようなものか。

…といったことを捉えようとしています。そして、私の願い（この単元で大事にしたいことや育てたい資質・能力）との重なりやズレを見つけていきます。

　このグループでは、互いに考えを聴き合いながら、「村一番の漁師」と「一人前の漁師」を比べたり、「与吉じいさ」や「おとう」との関わりを捉え直したりしながら、「誰のどんな生き方が太一にどのような影響を与えたか」を考えるだけでなく、「クエを殺さなかった（殺せなかった）太一」や、「海の命」ついても考えていました。

　子どもたちの考えが、元のテーマ以上に広がっていったのは、事前に子どもたち一人ひとりの着目していた文章が違ったからです。

　最初は、「与吉じいさ」と「おとう」との関わりを中心に考えを聴き合っていましたが、ある子が「クエと対峙した太一」に関する自分の考えを

伝えた際、グループでの話題が一気に広がっていきました。

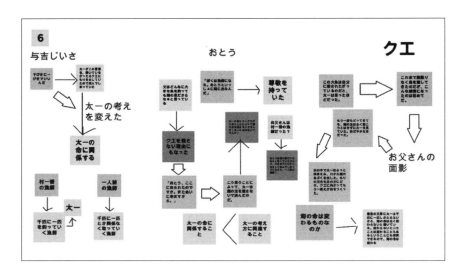

　こうした子どもたちの学ぶ姿や過程を見取りながら、さらに必要な視点や場づくりについて考えていきます。

◐◑ ②「向かおうとしているところ」を見取る（探る）

　事前に子どもたちの学習成果物やふり返り等を読んで、子どもたちの考えていることや、「グループで聴き合いたいこと」等を知っているので、まずはグループ内でその思いを出し切れているかを見取ります。
　その上で、

- 子どもたち一人ひとりの考えていることや明らかにしたいことの重なりやズレ。
- グループで何を明らかにしていこうとしているのか。
- 一人ひとりがどのように自分の読みの世界を変化させていこうとしているのか。

…等を探ろうとします。

　グループで考えを収束させたり、ホワイトボード等で考えが整理されていたりするからといって、全員が同じことを考えているとは限りません。一人ひとりの「学ぶ世界」を探りながら、グループ全体の向かうところを探るようにします。

　あまりにも一人ひとりの「向かうところ」がズレると、モチベーションが下がる子も出てくるでしょう。子どもたちの表情を見取ることも欠かさず、子どもたちの話し合う姿を見取ります。

◐◑ 話し合う様子を見取ることで…

　すべてのグループやすべての子を同じように見取ることはできないかもしれません。学級の人数や学習内容、形態によってできることも変わります。完璧を目指す必要はありません。

　ただ、丁寧に子どもたちの現在地を捉えながら子どもたちの学ぶ世界を探ろうとすることで、子どもたちの学びをよりよくするための指導や支援を考えることができるのは間違いありません。

　実際、私は各グループでの話し合う様子を見取りながら、

- その子や子どもたちに必要な視点は何か。
- 子どもたちにとって必要な情報をどのように伝えればよいか。
- 子どもたちのどんな「問い」や考えを共有すれば、学びをさらに広げたり深めたりするきっかけをつくることができるか。
- グループで学び合う力の成長をどのように支えられるか。

…といったことを考えています。子どもたちの思考は絶えず変化しています。子どもたち一人ひとりの学ぶ過程に丁寧に寄り添いながら、子どもたちと一緒に学習の場づくりができるようになりたいです。　　（若松）

7 調べ学習をする様子を見取る（社会）

子どもたちが選択できる学習形態にする

①全体の様子を見取る
それぞれの関わり方を見る
②一人の様子を見取る
一人ひとりの学習法を探る

子どもたちが選択できるような環境づくり、場づくりが大切です。

たとえば６年生社会の歴史学習「室町文化と力をつける人々」の学習。

右の写真のように、自分たちで学ぶ相手、学ぶ場所を選択できるような学習形態にしました。

グループで学習を進めても、全員が同じことをしているのではありません。

ICT端末で調べたり、教科書や資料集で調べたり、ノートに書いて整理したり、ロイロノートの思考ツールを使ってまとめたり、それぞれです。

自分なりに納得いくものができたときはそれを共有していました。たとえば、右のようなふり返りです。友だちからもらったアイデアから新しく自分で付け足していくようにアレンジしていました。

12/11 ふり返り(室町文化の特色)

□□□さん、□□さん、□□さんと一緒に調べました。みんなとすることで様々な情報が共有できました。私はまず、初めに室町文化について調べました。室町文化には、生け花や水墨画や書院造があるとわかりました。これらを見てみると今もある文化が多いということが分かりました。

問い　室町文化の特色は？
答え　室町文化の特色は今も受け継がれている文化が多いこと

室町文化の茶道は、中国に留学した栄西が広めたことが分かりました。また、お茶の遊びなどが流行したことが分かりました。書院造とは、住宅の作りで畳やふすまなどを使っている今もある文化だとわかりました。私は、最初インターネットで調べたものをiPadにまとめていましたが、みんなの(□□さん、□□さん、□□さん)学習方法を見てみると資料集を見てまとめていました。私も、その方法で学習してみるととても分かりやすかったです。とても参考になるのでこの勉強方法はとても良いなと思いました。

室町文化の学習のふり返り

◖◖ 友だちの学び方からヒントを得る

　ICT端末を持つようになった子どもたちが調べる際、インターネットで調べることが多くなります。しかし、情報が多すぎてどこを選べばいいのかがわかりにくくなりがちです。

　上のふり返りには、友だちのアナログな調べ方を見てそのよさを実感し、自分の調べ方が変容した様子が記されています。

　調べる活動というと、一人で行うことが多いように考えられますが、複数人で調べていく中でさまざまな気づきが生まれることもあります。子どもたちは必要に応じて協働的に学びます。新たな調べ方は、他者から得られることも多いです。

◐◑ 単元末のふり返りを見る

　単元末に自分の学習法をふり返った際、次のように記している子がいました。

> 　「自分は調べるとき、基本的に教科書、資料集、インターネットを使っていました。教科書などの紙のものは、その時代の基本構成を知るものとして活用しました。インターネットはそれを深くするものとして、活用しました。自分的に調べ学習として活用した割合は６：４でした。同じ場所でいっしょに調べた子たちも教科書を使って話し合いながら調べることができて深まりました。」

> 　「私は、ひたすら調べた後にそれをまとめていくスタイルでやりました。それが自分に合っているし、見えるものと見えないものがたくさん見つかるのでよかったです。でも、調べるときに『なぜ』と思ったものを忘れてしまったり、逆にそっちを調べて残りの記事が読めなかったりしたので、次は○○さんみたいにメモしながら調べられるようなやり方を見つけたいです。まとめるときに○○さんのアイデアをまねしてやると、すっきりとシンプルにまとめることができました。」

　協働的に学ぶ機会があるからこそ、子どもたちの調べる活動が多様化していきます。その際、誰が誰からの学び方をヒントにしているのかを、学習している様子やふり返り等の記述内容から見取るようにします。

◐◑ 協働的な学びの姿を見取るには

　子どもが協働的に学んでいる際、さまざまな活動や子ども同士のやり取りが行われています。子どもたちがどのような調べ方で、どのような内容を調べているのかを見るようにします。

「この子はなぜこの内容を調べているのか？」

「この子はなぜこの調べ方なのか？」

と常に考えながら子どもの姿とふり返りなどの表現物を見るようにします。すると、その子その子の調べ方の個性が見えるようになります。

　たとえば、ひたすら個人で調べて、「一人ではここまでだなー」と言いながら席を立ち、必要に応じて友だちに聞きに行く子がいます。もちろん、とことん一人で調べつくそうとしている子もいます。「私は絶対に友だちと話しながら調べるほうがやりやすいし、そのほうがひらめく！」と言って、常に人と対話しながら学びを進める子もいます。

　教室内を歩きながら友だちの学ぶ様子を見ることでヒントを得て、「あ〜　Aさん、このサイトおもしろい！　私も見てみる」と言いながら自席に戻る子もいます。教室の中に、実にさまざまな姿が見えてきます。

　子どものふり返り内容が変化したのであれば、学び合う中で刺激を受けたのかもしれません。

　友だちの調べ方を見て自分に取り入れたのであれば、その子の学びの柔軟さがわかります。調べている内容によってやり取りする相手を替える姿も見られます。自分が調べている内容に即して他者と学ぼうとする姿を価値づけることができます。

　子どもの学び方に変化が起きる瞬間がいつどこにあるのかという視点を持って見ていくことで、子どもの姿を捉えやすくなります。　　（宗實）

〈参考文献〉
宗實直樹（2023）『社会科「個別最適な学び」授業デザイン　理論編』明治図書出版
宗實直樹（2023）『社会科「個別最適な学び」授業デザイン　実践編』明治図書出版

8 学習している子どもの まなざしを見取る（生活）

◖◖ 目線の先にあるものを見る

　次の写真は、子どもがミニトマトの苗を植えた時の様子です。

　私はこの子の目線を追っていました。自分の鉢に植えた苗の枝をずっと見つめていました。よく見ると、この子の膝には土がついています。そんなことになりふり構わず対象を見ているこの子のまなざしがありました。それだけ自分の苗を慈しむ気持ちがあるのだと感じていました。「早く大きくなってね」と心の中で言っているのだろうと。

①子どもの「着眼点」を知る
子どもが見ている視線を同じく見つめる

②子どもの「感情」を見取る
対象物との関わりからどう感じているのか探る

◑◑✦ 言葉には出していない想い

しかし、その子がその日に書いた作文を見て「ハッ」としました。

> 「ミニトマトの枝が取れちゃった！」
> 　今日は、生活のじゅぎょうでミニトマトを植えていたときに、大事な小さな枝が取れてしまいました。そのとき僕はショックでミニトマトになんどもあやまりました。枝もかわいそうだったので土にうめてあげました。家に帰ってそのことをお母さんに話してみるとお母さんがいいことをおしえてくれました。枝がおれてしまったけれどおれてしまった枝にいくはずだった栄養はのこった枝にプレゼントされるから他のトマトがげんきになるよ！と元気をくれました。これから大事に育てます。

　実はこの子が対象を見つめるまなざしの中には、苗の生長を願う心とともに、苗に対する謝罪の心も含まれていたのです。学習中のこの子の姿を見ていたからこそ、この作文の意味を深く理解できました。また、その場でこの子の母親のような言葉をかけてやれなかった自分自身の至らなさにも気づくことができました。

　その後、この子は毎日自分の苗を大切に育てていました。

◑◑✦ 子どものまなざしから得られるもの

　生活科において、子どもが対象を見つめるまなざしから得られるものは多いです。子どもが対象を慈しもうとする姿、大切にしようとする姿は、ほんの少しの瞬間にも表れます。今回のように、こちらの見取りと違うこともあります。しかし、そこからまた捉え直しができます。対象を見つめる子どものまなざしを見逃さないようにしていきたいものです。

（宗實）

第 3 章

「授業前後」で学習成果物やふり返りを見取る！

授業前の様子を見取る

◖◖ 授業開始の１分前には構える

　授業が始まる前の子どもたちの様子は実にさまざまです。スムーズに授業に入れる子もいれば、そうでない子も多くいます。

　休み時間の最後に何かが起こっていることがよくあります。たとえば、
- 友だちとけんかをした。
- けがをした。
- 何かに没頭して夢中になっている。

　そのような様子を見取るために、１分前には全体の様子を見渡すようにします。

◖◖ タイミングを見る

　子どもの表情をよく見ておきます。その場で確認したほうがよさそうなときには「○○さんどうしたの？」と尋ねます。授業の中で個別に声をかけたほうがよさそうなときは、その場ではあえてスルーし、授業中に個別に声をかけられる時間を意図的に設けます。

◖◖「ミニトマトちゃんが…」

　２年生の教室でこのようなことがありました。授業はじめにAさんが泣いています。話を聞くと、ミニトマトが割れて、中の種が出てしまっ

ていたのです。「だって、だって
さ…お母さんに…お母さんに一番
に食べてもらいたかったんだもん
…」。

割れてしまったミニトマト

　Aさんがそのトマトを大切に育
ててきたことはよくわかっていま
す。そのトマトを一番に大好きな
お母さんに食べさせてあげたかっ
たこと、そのような思いで育てて
いたことがよくわかります。

　Aさんに励ましの声をかけた
上でみんなに問います。「どう思
う？」と。

　「トマトは大丈夫だよ。中が割れてもおいしさは変わらないよ」
　「それだけ大切に育てているAさんがいいなと思う」
　「お母さんもきっと喜んでくれるよ！」
　仲間を励ます姿がそこにはありました。
　また、低学年の子どもは、休み時間の後に小さなけがを伝えにくるこ
とがよくあります。私は、「すぐによくなる魔法の粉をふりかけるから
大丈夫だよ」と言って、粉をふりかける動作をしながら絆創膏を貼りま
す。これだけで多くの子どもは笑顔になり、安心して授業に臨めます。

◑◑ あらかじめ想定しておく

　授業前にはさまざまなことが起こるものだと考えておきます。それを
逆に活かせるように子どもを見る余裕とユーモアを持ちたいものです。
　「授業をはじめたい」というこちらの気持ちが先行してしまい、見え
ていないものがたくさんあると私は反省します。子どもが100％授業に
向かう気持ちでいられないことがあることも、あらかじめ我々は想定し
ておく必要があるのではないでしょうか。　　　　　　　　（宗實）

② 学習成果物をもとに 見取る（国語）

◖◗ 写真でわかる見取りポイント

　Aさんが自分の「問い」をもとに作品を読み深めた学習成果物です。さまざまな言葉、文章を根拠にして自分の考えを表現していました。

　「①『現在地』を見取る」「②『向かおうとしているところ』を見取る」という視点で見取ります。

（６年国語「海の命」（立松和平作・光村図書））

> **① 「現在地」を見取る**
> 考えていることや、その根拠をもとに捉える

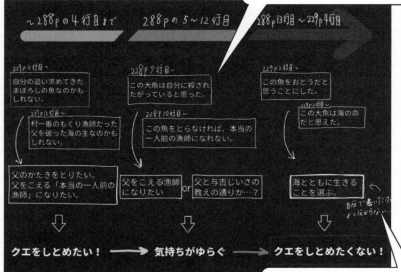

> **② 「向かおうとしている ところ」を見取る**
> 迷いや「問い」をもとに探る

◐◑ ①「現在地」を見取る（捉える）

　Aさんは、さまざまな文章を根拠にして「クエと対峙している時の太一の心情の変化」について読み取ろうとしていることがわかります。「太一の心情の変化」の過程を大きく３つに分けて考えています。

　Aさんは大事な文章に注目して考えられています。しかし、「『気持ちがゆらぐ太一』については、まだ注目できていない言葉や文章があるな」と捉えました。ただし、根拠とする文章を絞って整理しているだけで、自分の考えのすべてを表出できていないかもしれません。

　また、「海とともに生きることを選ぶ」については、「この後の場面に注目することで、自分の考えをより確かなものにできるのではないか」と捉えました。Aさんは、「これまでの太一」には注目できていますが、「その後の太一」にはまだ注目できていません。

◐◑ ②「向かおうとしているところ」を見取る（探る）

　「海とともに生きることを選ぶ」の横に「自分で書いたけどよく分からない」と書いています。Aさんがまだ自分の考えを「不確かなもの」と捉えていることがわかります。

　次の授業でAさんは、この「クエをしとめたくない太一」と「海とともに生きることを選ぶ」の関係性について、他者の考えを聴きながらさらに読み深めたいのだろうと思いました。

　また、実は「気持ちがゆらぐ」のところも、「まだAさんは考え中なのではないか」と見取りました。「今回は、この場面に集中して読みたかっただけで、また今後その他の場面とつなげて考え直そうとしているのではないか」と思いました。

　「こうじゃないかな」「○○と思う」とAさんの学ぶ世界を探りながら、次の授業でのAさんの学びをどのように支えるかを考えます。　　（若松）

学習成果物をもとに
見取る（社会）

◖◗✦ 4年生社会科「県の特色ある地域」

　4年生社会科の1学期は、空間的な視点で県の地理的環境を中心に学習します。3学期は、時間的な視点や関係的な視点で、産業の歴史的背景や人々の協力関係などを中心に学習します。

　新学習指導要領では、特色ある地域で扱うべき事例地が3つ提示されています。

　①　伝統的な技術を生かした地場産業がさかんな地域

　②　国際交流に取り組んでいる地域

　③　地域の資源を保護・活用している地域

　たとえば兵庫県では、①篠山市②神戸市③豊岡市を扱うようにします。それぞれの県でどの地域が適しているのかを教師が吟味することから、この単元の学習デザインがはじまります。

◖◗✦ 単元のゴール「県のリーフレットづくり」

　単元のゴールを、「県のリーフレットを完成させ、自分たちの県のよさを紹介すること」にしました。完成したリーフレットは次のようになりました。

　兵庫県の概要や、3つの事例地の詳細、その子が調べてきて見えてきたことや考えたことが記されています。

自分たちの県のよさを紹介するリーフレット

◐◑ 教科の本質が含まれているか

　次ページのリーフレットは、学習を通して自分の見方が変わったことを表しています。はじめは、目に見える「カニ」や「そば」、「立杭焼」などその県の有名なものをこの子は見出していました。

　最終的には目には見えない意味や特色である「人の想い・願い」や「伝統の意味」などを見出しています。それこそが社会科の本質的なものになります。

豊岡市
城崎　柳細工

豊岡市城崎といえば…柳細工
やカニ、そばなどが有名ですが、
とくに、温泉が有名です。城崎のイ
メージは、昔の日本みたいで伝統的な
かんじがすることです。けれど、1925年
5月23日午前11時11分に死亡者272名
の北但大震災がありました。その時、
木造建築だったので家がたくさんつ
ぶれてしまいました。けれど建てなおす
とき、また木造の建物にしました。それ
にはたくさんの人が町並みや景観
を大切にしたいという気持ちがあった
からです。城崎は町全体で協力し
ていて、城崎じたいがお宿
みたいなかんじで、とても工
夫されているなと思いまし
た。

（共存共栄）

駅　外湯めぐり　文芸館　柳細工　麦わら細工　玄関

篠山市
丹波立杭焼

〇〇さん〈日本伝統工芸士〉

篠山市でとっても有名な丹波立杭焼は六古
窯の一つで、そこでは田土と山土をまぜてい
い土ができるし、山が近いのでねんりょう
になる木が多くとれるし、立杭焼を作ると
きのかま、のぼりがまがしゃ面を利用して作
りやすいなどの土地や自然を利用してい
るし、何より技術を持った人がいるから
作れるのです。年に1回陶器まつりを
ひらきます。はじめにはじめようとし
た時は大反対されました。けれど、お
客さんが1人でも来てほしい、いつもの
お客さんにおれいがしたい、丹波立杭
焼を広めたい、自然を見てほしいと
いう思いではじめました。大上さんのむすめ
さんはさんはこわいけどかわいい作品
を作っています。この作品についてたくみさん
はお客さんのニーズに合わせるのにとて
もいいといっていたらしいし、こんなこと
ばもいいました。『いつの時代も人は新しい物
を求める、しかし結局やはり戻ってくる、そ
れが「伝統」私はこれがとてもいいこと
ばだと思いました。★

自分の見方が変わったことを書き記す子どものリーフレット

◉◉ 教科で大切にしたいことを絡めて見取る

　学習成果物には、子どもの学びの跡が表れます。その教科、その単元
で大切にしていることと、その子らしい学びの跡を絡めながら見取るよ
うにします。

　何となくパンフレットや新聞をつくるだけの活動にするのはもったい
ないです。明確な目的がなければ、正に「活動あってねらいなし」状態
になり、何を見取ったらいいのかがわからなくなります。

「目に見える事実から目には見えない意味や特色を見出しているのか」。社会科で見取りたいことの一つです。それが子どもたちから表れ、教師がよりよく見取れるようにするためにも、単元のゴールの姿を想定しておくことが重要です。

たとえば、今回の豊岡市、篠山市、神戸市、それぞれの事例地にあるものや有名な場所に関わる人の営みを通して、それぞれの地域の人々の協力関係や地域発展の願いや想いなどが理解できるようにすることです。 (宗實)

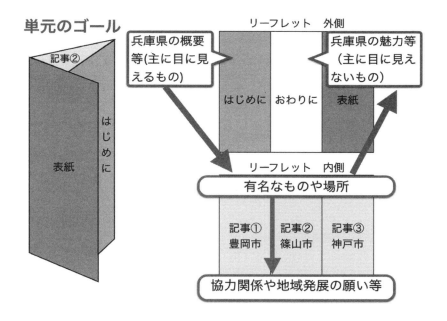

〈参考文献〉
宗實直樹（2021）『宗實直樹の社会科授業デザイン』東洋館出版社
宗實直樹（2020）「『人』からあふれる『感動』を」『授業づくりネットワークNo.35—新教科書教材の授業』学事出版

4 学習成果物をもとに見取る（理科）

◖◖✦ 写真でわかる見取りポイント

　5年「もののとけ方」の単元導入時、Aさんが「水にものがとける」とはどういうことかについて自分なりの考えを表したものです。「①既有の知識を見取る」「②『これから考えたいこと』を見取る」という視点で見取ります。

> **①既有の知識を見取る**
> 書かれていることをもとに、わかっていること・わかっていないことを捉える

「水にものがとける」ってどういうこと？

絵や図で表すと・・	言葉で表すと・・	気になったこと、これから考えたいこと
塩 水 ↓ ふわっと広がる ↓ 小さくなる？ 水になる？ それ以外？	そのコップに入れた塩がコップの中の水と混ざったり混じったりして溶けているんじゃないかな、と思います。そしてなぜ目に見えにくいかの予想は、水自体が液体で塩や砂糖は粉みたいに細かいからというのもあるし、液体に細かいものが入ったらそれが水の中でふわっと広がるからじゃないかな、と思います。あとは、固体が溶けていくうちに液体になっていくから、目に見えにくいと思います。	・水の中にとけた塩は、水の中でどうやって溶けていくのか。 ・どうして塩は水の中であんな広がり方やとけ方をするのか ・とかすものが小麦粉とかだったらそれはそれでとけ方が違うのか

> **②「これから考えたいこと」を見取る**
> 書いている「問い」をもとに探る

◐◑✧ ①既有の知識を見取る（捉える）

　単元導入時ですから、これから学習することについてまだよくわからないことがあって当然です。ただ、これまでの生活経験や学習経験から、学習内容について知っていることもあるでしょう。

　Aさんは、「水と混ざる」「液体に細かいものが入ったら水の中にふわっと広がる」と表現しています。とかした物が水の中で消えるのではなく、水の中に存在していることを感覚的に理解しています。

　しかし、絵や図に表した際に「小さくなる？水になる？それ以外？」と書いており、Aさんにとってまだ確かな知識ではないことがわかります。実際、授業中には絵や図に表しながらとても悩んでいました。

　また、「とかすものが小麦粉とかだったらそれはそれでとけ方が違うのか」という「問い」から、「水に溶ける物と溶けない物に関する知識があまりない」ということも捉えることができます。

◐◑✧ ②「これから考えたいこと」を見取る（探る）

　Aさんは3つの「問い」を挙げています。「ものが水に溶ける過程」「溶けた後にどうなっているのか」が気になっていることがわかります。学級の仲間が家で撮影した「食塩を水に溶かす動画」を視聴したり、自分なりに絵や図、言葉で表したりしたことで、このようなことが気になったのでしょう。

　「気になったこと、これから考えたいこと」を書く欄をつくっているので、子どもたちの「これから考えたいこと」を探りやすいです。ここに表れていることがすべてではありませんが、子どもたちを探るヒントをもらえます。

　単元導入時に、子どもたちの願いや思いを知ることで、一緒になって学習を進めていくことができるようになるでしょう。　　　　　（若松）

ふり返りをもとに
見取る（国語）

◐◐ 写真でわかる見取りポイント

　「村一番の漁師と一人前の漁師のちがい」を中心に、物語をグループ
で読み深める聴き合い学習を終えた後のAさんのふり返りです。自分の
考えたことや学んだこと、気になったことなどをふり返りに書きます。

　ふり返りを「①『現在地』を捉える」「②『向かおうとしているところ』
を探る」という視点で見取ります。

> ①「現在地」を捉える
> 表現している考えをもと
> に捉える

（6年国語「海の命」（立松和平作・光村図書））

0215聴き合いふり返り（今の自分の考え、読み深まったこと、ハテナなど）

今日は、時間は少しずつだけれど、色々なハテナについて考えました。まず、前回の続きでやった、村一番の漁師と1
人前の漁師について考えました。228ページで、「この魚をとらなければ、本当の一人前の漁師にはなれないのだと、
太一は泣きそうになりながら思う。」と書かれています。太一は、そのクエをとれば「本当の一人前の漁師」になれる
と考えているようです。でも、「本当の」がついていて、太一の考える「本当の一人前の漁師」とはなんなのかなあ
と、色々考えていたけど、難しかったです。そのクエをとったら本当の一人前の漁師になれるけど、結局太一はとり
ませんでした。だから、太一が思っていた「本当の一人前の漁師」にはなれなかったということです。でも、最後の
ページの最後の方に、「太一は村一番の漁師であり続けた。」と書いてあります。一人前にはなれなかったけれど、村
一番にはなったということです。一人前と村一番の漁師では、意味はどうちがうのか、ということなどについて話して
いました。そして、村一番と一人前の漁師について話していて、「この魚をとらなければ、本当の一人前の漁師にはな
れないのだと、太一は泣きそうになりながら思う。」という文について考えていたときに、なんで泣きそうになってい
るのか、ということも気になって、途中からそのことについても話し合いました。クエをとれば一人前の漁師になれる
のは分かってる。だけど、、、できない。なんで僕はできないんだろう、、、みたいな感じで、気持ちがゆらいでいる場
面だと思います。クエをとれば、一人前の漁師になれるし、それは分かっています。でも、与吉じいさから教わったこ
とも考えると、殺すことはできなくなっていったのかなと思います。そして、今まで一人前になることを目指していた
けど、それができない自分に、泣いているのかなというのが、グループみんなの意見になりました。村一番、一人前の
漁師についてや、太一が泣きそうになっているときのことについてはあまり考えていなかったけれど、グループの人の
意見などもきいていると、だんだん読み深められているなあと思います。

> ②「向かおうとしているところ」を探る
> 次の学習につながりそうな表現をもとに探る

◐◑✦ ①「現在地」を見取る（捉える）

ふり返りを読むことで、聴き合い学習を通してAさんがどのようなことを考えたり学んだりしたのかがわかります。

Aさんは、「村一番の漁師」「本当の一人前の漁師」という言葉に注目することで、さらに物語の世界を深く読むことができるようになりました。その過程で、「太一は泣きそうになりながら思う」にも注目することができました。

もちろん、ふり返りに書いている以外の言葉や文章にも注目したはずです。ただ、こうしてふり返りに書いていることから、Aさんの注目度合いがわかります。太一の気持ちのゆらぎについても、表現できることが増えたことを捉えることができます。

ただ、「今まで一人前になることを目指していたけど、それができない自分に泣いているのかな」というのは少し曖昧な考えです。「もう少しこの部分を掘り下げられるのではないか」と捉えました。

◐◑✦ ②「向かおうとしているところ」を見取る（探る）

聴き合い学習を通して、Aさんが自分なりに読み深められるようになったことを喜んでいると感じました。最後の「だんだん読み深められているなあ」と表現していることに、自分の変化や成長を感じ取っているAさんの思いが伝わってきます。

また、決して「読み深められた」と、学習を終えたような表現をしていません。まだまだ、物語を読み深めている最中だということなのでしょう。さらにどこを読み深めようとしているのかが気になります。

「…泣いているのかなというのが、グループみんなの意見になりました」には、「まだ今のところの考え」とも感じられます。「もう少し自分でも考えていきたいと思っているのかもしれない」と思いました。このように、Aさんの学びがどこに向かおうとしているのかを探ることで、必要な指導や支援、場づくり等を考えることができます。　　　　（若松）

6 ふり返りをもとに 見取る（体育）

◉◉ ✦ 写真でわかる見取りポイント

　体育「サッカー」の学習でのAさんのふり返りです。毎時間、学習後には、個人のことやチームのことをふり返る機会をつくっています。「①『現在地』を見取る」「②『向かおうとしているところ』を見取る」という視点で見取ります。

1試合目相手、結果

> 1チーム、0−2で負け。

うまくいったこと、頑張ったこと

1試合目は負けたけれど、2試合目は勝てたからうれしいです！それに、2試合目で1回目にゴールを決めて1点いったので良かったです。まだ1回も点を入れたことがないのでうれしいです！というか、外に出て相手チームのひとが蹴ったボールを、私がひょいっと蹴ったら、ちょうど風が吹いたのか分からないけれど、たまたまゴールに入っちゃいました。偶然だけど、入ってよかったです。もし入れていなかったら、同点だったので。でも、どっちでも楽しめたから良いと思います。前回のふり返りで、ボールが外に出て蹴るときに、遠くの方でボールをキャッチする人がいないときがあることについて書いていました。それは、作戦では話していなかったけれど、私は遠くでボールが飛んでくるのを待っていたり、ボールの飛んでくる場所を考えて待っていたりできたので良かったと思います。そして、パスをしたりして、チームのひとと協力することができました。最初の時間は、相手のチームからボールをうばうことをけっこう考えていたから、うまくパスしよう、とはあまり考えていませんでした。でも、近くに相手チームのひとがいたらちょっと遠くの自分のチームの人にパスできたから、良かったと思います。あと、前回も書いたけれど、自分では、楽しめたし一生懸命できたと思います。息が苦しくなってしまったときもあって少し歩いたこともあったけれど、頑張ってボールを追いかけたりできたので良かったと思います。

2試合目相手、結果

> 6チーム、4−3で勝ち。

うまくいかなかったこと、次チャレンジしたいこと

今回も、すぐに息が切れたりして、みんなはボールを追いかけているけれど私はちょっと歩いている、というときがあったので、それはできるだけなくしたいです。無理したらいけないけれど、なにか息がすぐに切れないような方法はないのかなあと思います。あったら、友達にきいたりチームのひとにきいてみたりしようと思います。ないかもしれないけれど。あと、うまくいったことでパスができたということを書いたけれど、それは前回よりは良くなったということで、まだまだパスはうまくできていません。だから、チームで協力してゴールを目指すことを考えながらやりたいです。ひとりで考えていてもだめだから、作戦のときとかに、みんなで考えていけたら良いなと思います。テレビでやっているサッカーとかをみると、普通にパスをうまくやっているから、私たちもそんなふうにできたらいいなと思います。こんな目標だったら高すぎるからできるかわからないけれど、それを目指すくらい、みんなで頑張っていけたらいいなと思います。

---

① 「現在地」を見取る
本人が、「できている」「できていない」と感じていることを捉える

② 「向かおうとしているところ」を見取る
「うまくいかなかったこと」「チャレンジしたいこと」をもとに探る

◖◖ ①「現在地」を見取る（捉える）

Aさんのふり返りを読むと、

- ボールが飛んでくる場所を考えて動けている。
- シュートをうつことができている。
- 走る時と止まる時のバランスがうまくできていない。
- 少しは成長したけれど、まだパスがうまく回せていない。

…といったことがわかるでしょう。Aさんの現在地が少しわかります。

　ただ、ふり返りだけではわからないこともあります。そこで、次の授業時間には、「できていないこと」「うまくいっていないこと」の現在地を捉えるために、細部に注目して見取ろうとします。

◖◖ ②「向かおうとしているところ」を見取る（探る）

　ふり返りを通して、Aさんが今一番頑張りたいことが「パスをうまく回すこと」だとわかります。Aさん自身、ふり返りを書きながら自分の大事にしたいことを見つけられたのでしょう。

　また、「ひとりで考えていてもだめだから、作戦のときとかに、みんなで考えていけたら良いなと思います」という表現から、Aさんが次の時間に大事にしたいこともわかります。

　さらには、Aさんがテレビでサッカーを観たことがあることもわかりました。理想のイメージを持ちながら、サッカーの学習に臨んでいるAさんの思いが、これから他のメンバーにどのように共有されるのかが気になりました。

　このように、次の授業に臨むAさんの思いや願いを知ることで、次の授業中に見取れることや支援できることが増えるでしょう。　　（若松）

ふり返りをもとに 見取る（生活）

◉◉ ふり返りを一覧にする

一覧にすることで、「変化」の様子がよくわかります。

Aさんのミニトマトの生長記録一覧表

◉◉ 巨視的な眼と微視的な眼

　全体的な変化と、一つひとつのふり返りの細部を見ていきます。巨視的な眼と微視的な眼、二つの視点で見取るようにします。

Aさんは基本、定点で写真を撮るようにしています。大きな変化や喜びがあったときにアップにしています。また、必ず大きさをセンチで表しています。生長していることの実感を得ようとしていることがよくわかります。この子の書きぶりの特徴を見取り、この子の気持ちを探れるようにします。

◖◗ 題名から見取る

　日記やふり返りには題名をつけるようにしています。その題名からその子の想いや願いを探れることが多いからです。たとえば、Aさんは題名に常にミニトマトの名前をつけています。「なれちゃん」という名前をつけて愛おしむ様子がよくわかります。

◖◗ 活動とセットで見取る

　ふり返りと子どもの活動をセットで捉えます。子どものふり返りを見取った後のAさんの動きに注目します。
　右の写真は、5月23日の花が咲いた後の写真です。ミニトマトの花を見守るようにそっと手をふれながら、「大きくなってね、なれちゃん」と声をかけています。

花にふれるAさん

　Aさんの気持ちや感情、想いや願いの具体がその姿や行動になって表れます。教師「きれいな花が咲いたね。トマトできるかな？」、子ども「うん、きっともうすぐできると思う！　なれちゃんがんばってるよ！」などのやり取りができます。
　ふり返りだけを見るのではなく、ふり返りとふり返りの間のAさんの活動の様子も見取るようにします。生活科の本質は、「気づきの質を高める」ことです。気づきの質は瞬時に高まるものではありません。時間的な経過とともに子どもの中で醸成されていきます。　　　　　　（宗實）

ふり返りをもとに
見取る（社会）

●● ✦ ふり返り時の視点

　単元をふり返る際、「学習内容のふり返り」と「学習方法のふり返り」に分けて、次のような視点を参考に書くようにします。

学習内容のふり返り

	ふり返りの視点	ふり返るときに意識する点（例）
1	「単元の問い」を追究できたか	「単元の問い」は仮説をもとにして解決できたか。「目に見えるもの（事実）」と「目に見えないもの（意味や特色）」を整理し、理解できているか。
2	「自分の問い」を追究できたか	自分の「問い」を持ち、仮説をもとにして解決することができたか。どのような「問い」が解決できたか。

学習方法のふり返り

	ふり返りの視点	ふり返るときに意識する点（例）
1	「問い」のつくり方はどうだったか	「単元の問い」を常に意識し、自分の「問い」を持つことができたか。
2	追究の方法はどうだったか	「目に見えるもの（事実）」をどこからどのように集めることができたか。それは必要な情報だったか。「目に見えないもの（意味や特色）」を見出すことはできたか。「なぜ？」の問いを自分でつくれたか。次に追究学習するときはどのような点に気をつければよいのか。
3	協働的に学べたか	仲間と共に効果的に学習できたか。どのような学びを得ることができたか。
4	自分の学び方はどうだったか	自分に適した学び方は見つけられたか。それはどのような学び方か。

視点があることで、その項目に沿って子どもの現時点の様子や今後の展望について見取りやすくなります。最終的にはこれらの視点の意味を子どもたちが理解し、自分で設定できるようにしていきます。

◑◐ ふり返りの実際

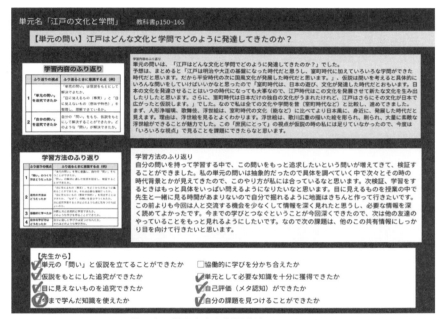

単元末の学習内容と学習方法のふり返り

　Aさんは常に比較しながら大きな視点を持って学習を進めていました。室町文化の学習と比べて、個別で学習を進めることが多くなりました。一つひとつの具体的事象を深く掘り下げていくことの楽しさを感じているようです。「『庶民にとって』の視点が仮説の時の私には足りていなかったので」と、自分の課題も記しています。

　きっと、次に追究するときは、さまざまな立場から多角的に事象を追究していくことが想像できます。新たな視点を獲得してさらに追究して

いきたいというＡさんの願いがよくわかります。

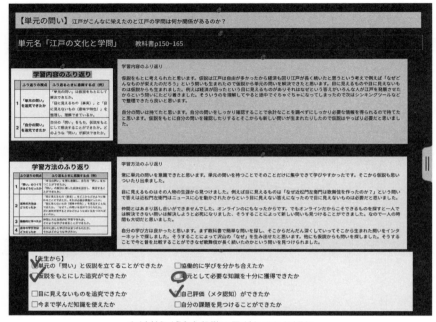

まだ考えが途中段階の子どものふり返り

　Ｂさんは、何となく調べてはいるけれども、得た情報をうまくまとめるまでには至っていません。自分が整理するときの難しさを感じ、次に追究するときはシンキングツールを有効に使おうと考えています。次回の学びの際にどのようにまとめているのかを見取っていきたいと考えます。

◑◐ フィードバック欄を設定

　子どもが自分のふり返りに対する他者からの評価を得て、自分のふり返りの精度を上げていくことが考えられます。

　先ほどのふり返りの中に【先生から】という教師からのフィードバックの欄を設けました。教師のチェックは、ふり返りの記述内容はもちろ

ん、普段の学習の様子、毎時間のふり返り等を総合してつけています。おおむね達成できているものにチェックをつけます。チェックの上に○をつけているものは、さらにこの点を強化していけば深い学びにつながるということを示しています。○のみのものは、次に学習するときに気をつけ、努力すればよい点を示しています。つまり、現時点での子どもの見取りとともに、これからのその子の学びへの「願い」をこめています。子どもの変容と成長を願っての【先生から】の項目にしています。

◐◑ 子どもの学びをメモする

　子どもの学びは一人ひとり違います。子どものふり返りを見ることで、その違いや現状を把握するとともに、次回の学びがどのように展開・発展していくのかを期待することができます。単元のふり返りを見る際、次のように一人ひとりの名前とともにメモをするようにしています。

- Aさん…シンキングツールでのまとめが秀逸！ 広げる。
- Bさん…協働的に学びは？次に見る。
- Cさん…目に見えないものを意識できている。次も引き続き。
- Dさん…前時との比較をいつもしようとしている。
- Eさん…課題を発見。次に活かせるか。

　これらのメモをもとに、一人ひとりの子どもに声かけすることで、自分の学びをよりよくしようとする子どもの姿を励ますことができます。次の学習の際に向かう子どもの願いや成果、課題を持って、教師が教材を決めることができます。

　子どもの学びはつながっています。常にアップデートさせようとしている子どもの姿を支える役目を教師が担いたいものです。　　　　（宗實）

〈参考文献〉
宗實直樹（2023）『社会科「個別最適な学び」授業デザイン　実践編』明治図書出版

自分以外の授業での
様子を見取る

◐◑✦ さまざまな先生から学ぶ子どもたち

　中学校ではもちろんのこと、小学校でも音楽科や家庭科など、自分以外の先生が自分の学級の子どもたちに授業を行う機会があるでしょう。

　小学校でも教科担任制が推進されており、授業交換や専科制など、子どもたちがさまざまな先生から学ぶ機会が増えてきていることだと思います。

　自分以外の授業での子どもたちの様子から、

- Aさんは、理科の授業で自分の知っていることをどんどん表現する。
- Bさんは、音楽の授業で気持ちよさそうに歌を歌う。
- Cさんは、家庭科の授業でミシンの使い方をみんなに教えている。

…と、その子の特性が活かされて輝いている姿や、

- Dさんは、身体を使って表現することが得意。
- Eさんは、話し合うよりもじっくりと自分で考える時間が好き。
- Fさんは、紙のノートに書くほうが自分の考えを表現できる。

…と、その子がどのような指導や支援で自分の力を発揮しやすいかを見取ることができます。自分と学んでいるときには見られない子どもたちの姿に学ばされます。

◖◗ 特性が活かされて輝いている姿を見取る

　子どもたちはそれぞれ自分の好きなことや得意なことがあります。自分が担当している授業のときには「気になる子」であっても、他の授業時には大活躍している可能性があります。

　自分の授業時のその子しか知らなければ、ずっと「気になる子」で終わってしまうでしょう。その子に対して、変な色眼鏡で見てしまうことにつながります。

　しかし、他の授業で活躍している姿を見ると「こんなことが得意なのだな」と知ったり、「この特性を自分の授業中にも活かせるようにしよう」と、その子の特性を活かす指導や支援を考えられたりするようになります。その子を見取る視点を広げられるでしょう。

◖◗ よりよい指導や支援のヒントを探す

　自分の授業中では、自分なりに「子どもたちのよりよい学びを支えられるようになりたい」と指導や支援を考えていると思います。ただ、それが本当に子どもたちにとってよいかはわかりません。

　他の先生の指導や支援で子どもたちが学んでいる姿を見ることで、

　「身体を使って表現することも含めて、いろいろな表現をする機会をつくったらおもしろそう」
　「ICT端末を活用することばかり考えていたけれど、紙も含めてさまざまな選択肢を持てるようにしたらよいかもしれない」

と、よりよい指導や支援のアイデアを思いつくことができます。目の前の子どもたちの姿から、さまざまなヒントをもらえるでしょう。（若松）

自主学習をもとに見取る

◐◑ 「追究ノート」で現在地がわかる

　この写真は、5年生の子の「追究ノート」です。社会科の「これから
の食糧生産で大切なこと」の学習がこのような「追究」につながってい
ます。

> **① 「きっかけ」を見取る**
> その子が何に関心を持ってい
> るのかを捉える

> **② 「ふり返り」を見取る**
> その子の学びの様子や先に向かう姿を探る

◖◗ 「調べたきっかけ」を書く

　子どもたちの自主学習を奨励しています。私の学級では「追究」と呼んでいます。「追究ノート」は次のようにつくります。

- 「日付」「No」「調べたきっかけ」「参考文献」「ふり返り」を書く。
- 「追究の視点」を入れ、使えるようにする。
- 題名、見出し、小見出しをつける。
- 文字や線も工夫する。
- 「自分の言葉」で書く。
- イラストや図、写真も有効に使う。
- クイズや問題を入れてもいい。

　特に「調べたきっかけ」をよく見るようにします。「この子が今、何に興味を持っているのか？」「この子の持つ問題意識は何なのか？」など、この子の現在地を考えながら見ることができます。

◖◗ 「追究の視点」を共有する

　子どもたちが調べる際、「追究の視点」を一緒に探し、共有します。
　たとえば、「共通点を探す」「違いを見つける」「分類する」「ミクロとマクロで見る」「シリーズもの（歴史など）にする」「関連付ける」「メリット・デメリットを見つける」「生活と結びつける」などです。
　追究方法にはその子の個性が表れます。その子がどのような追究方法で迫っているのかを見取ることが重要です。
　授業外で行う学びを見取ることで、よりその子の世界に近づくことができます。

（宗實）

第 **4** 章

「生活場面」で
クラスを見取る!

① すべては
子ども理解から始まる

◉◉ 子ども(たち)を理解するということ

　これまで、学習における子どもたちの姿をどのように見取るかについて書いてきました。教師の願いをもとに「捉える」視点と、子どもたちの願いを「探る」視点を持つことで、よりよい見取りができるようになるでしょう。

　ただ、学習に関する姿だけを見ようとしていても、その子のことを十分に理解することはできません。なぜなら、「授業中のその子」は、その子のすべてではないからです。

- 家でのその子
- 習い事でのその子
- 友だちとの遊びにおけるその子
- 低学年の子と関わるその子
- 係活動におけるその子
- 他の先生の授業を受けるその子

…など、その子にはその子のさまざまな姿や物語があります。それぞれの場において少しずつ違いを見せるものです。

　それらを丸ごと受け止めようとすることで、やっとその子のことを少しずつ理解することができます。学習におけるその子をより見取ることもできるようになるでしょう。

◖◗ 何を見取ろうとするか

学習以外の場面では、

- 大事にしていること
- チャレンジしていること
- 楽しんでいること
- 困っていること
- 他者との関係性

を中心に見取ろうとします。さまざまな視点で見取ることで、その子の学習を支えるヒントを見つけることができるでしょう。

　もちろん、学習以外のさまざまな成長を支えることも大切にします。それは当然のことでしょう。ただ、それだけでなく「学習とつなげる」意識を持つことで、よりその子の成長を丸ごと捉えて考えることができます。授業と生活は、決して分断されるものではありません。

◖◗ どのように見取るか

その子を理解するためには、

- 日常生活の様子を眺める
- 保護者と話して、家庭や習い事での様子を聴く
- ふり返りを読む
- その子と会話や対話をする
- 一緒に遊ぶ

…など、さまざまな方法があるでしょう。あらゆる方法を活用しながら、その子を理解しようとします。いろいろな角度から理解しようとすることで、その子のことがより理解できるようになります。　　　　（若松）

学習を支えるヒントになるものを見つける

◐◑ その子の「没頭」を見つける

　学習場面で「授業に集中できない」「無気力のよう」と見える子でも、日常生活でその子が何かに没頭して取り組んでいる場面があるでしょう。こうした姿を見逃しません。

- 虫を捕まえたり育てたりする
- 折り紙でいろいろなものをつくる
- どんどん複雑なプログラミングゲームをつくる
- サッカーで貪欲にゴールをねらう
- 好きな作家の小説を読む

…など、子どもたちによって没頭しているものは異なります。その「没頭」にはその子らしさが表れています。

　普段の授業中には見られないようないきいきとした顔つきをする子もいます。

　「あぁ、この子にはこんな一面があるのだ」と知ることで、「授業中にこのような顔が見られるようにするためには、どのような場をつくったり問いかけたりすればよいのだろう」と考えることができます。

　また、こうした姿に興味を持ち、その子と一緒に「没頭」を味わうことで、その子が教師を見る目も変わります。「自分を理解してくれている」という安心が生まれるでしょう。

◖◐✦ 授業とのつながりを見つける

　子どもたちは、授業で学習することとつながるようなことを日常生活で考えたり取り組んだりしています。その際、「これからの学習につながるのではないか？」という視点で子どもたちを見取ります。

　たとえば、5年生の4月に生き物係が植物の種を植えて育てようとしていれば、理科「植物の発芽と成長」の学習とのつながりを見つけようとします。子どもたちなりに日常生活で試行錯誤していることが、後の学習に活かされます。

　こうすることで、子どもたちの日常生活と授業での学習を自然につなげることができます。本来、学習とは「授業の時だけ」行うものではありません。自分の生活や社会とつながる意識を子どもたち自身が持てるようにしたいものです。

◖◐✦ 子どもたち同士の関係性を捉える

　授業中、ペアやグループなど、子どもたち同士で協働して学習に取り組む時間があるでしょう。その際、日頃の子どもたち同士の関係性が大きく影響します。

- AさんはBさんの前だと自分の考えを伝えやすい（にくい）。
- Cさんは、少人数だと発言したり行動したりすることができる。
- Dさんは、日頃Eさんと一緒に過ごしていないけど、実はすごく気が合うのではないか。

…といったことを考えながら、授業とつなげて日頃の子どもたちの関係性を捉えるようにします。よりよい学習の場づくりを考えるヒントを得られるでしょう。それだけでなく、きちんと見取っているからこそ、学習を通して子どもたちの関係性を広げたり深めたりすることもできるようになります。

（若松）

日常の姿から見取る

◖◗ 登校時の様子を丁寧に見取る

　私は、毎朝正門に立って、登校してきた子どもたちにあいさつをしています。自分の学級の子だけでなく、さまざまな子どもたちと関わりたいからです。

　また、朝には子どもたちの1日につながるいろいろな姿が見られるからです。

　その中で、私は子どもたち一人ひとりの表情や行動を丁寧に見ることを意識しています。

- 浮かない顔をしているけど、昨日家で何かあったのかな。
- 昨日の放課後に友だちとケンカしたことをまだ引きずってそうだな。
- ちょっと眠そうな顔をしているな。また、夜更かししてしまったのかな。
- ちょっと小走りで避けるように通り過ぎていったな。何かあったのだろうか。
- いつも以上に楽しそうだな。何かいいことがあった（これからある）のかもしれないな。

…と、頭の中であれこれ考えながら子どもたち一人ひとりのことを見取ろうとしています。

　朝の子どもたちの様子を知ることで、1日かけてその子のことを丁寧に見取ることができます。気になった子については、学習の場でもより意識して見取るようになるでしょう。

◐◑ 休み時間の自然な姿も見取ろう

　授業中よりも休み時間のほうが「子どもたち中心の世界」になります。そこで、休み時間だからこそ見せる子どもたちの自然な姿を丁寧に見取ろうとします。

- 得意なサッカーをしている時に、大きな声を出して全体に指示を出している姿はかっこいいなぁ。
- カッとなってケンカすることになったけど、後で冷静になって自分から謝れるのはステキだなぁ。
- 低学年の子が運動場でケガをした時、保健室まで一緒について行ってあげたのは優しいなぁ。

…と、自然な姿を見取ることで、その子を丸ごと受け止めることができます。課題だけでなく、素敵なところをたくさん見つけられるようにしています。

◐◑ 子どもの「いろいろな姿がある」ことを知る

　「家」「授業中」「休み時間」「縦割り活動時」「クラブ活動」「習い事」など、子どもたちはさまざまな場面で、さまざまな姿を見せます。ある場面だけで「Aさんはこんな子」と決めつけてしまっては、他の姿を見取ることはできません。

　「いろいろな姿がある」と思うことで、見取る余裕も生まれるのではないでしょうか。今、見ているその子は、その子の姿の一部分であるからこそ、「すべてをわかろう」と焦ることもなくなります。

　「その子にはその子の物語がある」と理解できるようになると、授業中での発言や行動などあらゆる学びの姿の背景に注目するようになるでしょう。授業において、「その子らしさ」を大切にしたいのであれば、日常生活のあらゆる「その子」を丁寧に見取りたいものです。　　（若松）

ふり返りをもとに見取る

◐◑ 子どもたちのふり返りからわかること

　学習だけでなく、生活場面でもふり返りを書く機会をつくっています。さまざまなテーマをもとにふり返ることで、子どもたちは自分を見つめ直したり、自分の考えを更新したりしようとしています。

　以下は6年生のAさんのふり返りです。修学旅行の部屋決めを行った後にふり返りを書いていました。

　Aさんは、話し合いを仕切ったわけでも、たくさん考えて表現したわけでもありませんでした。でも、ずっと学級全体のことを考えている様子でした。

1109テーマ：部屋決めを終えて

今日はみんなで修学旅行のホテルの部屋決めをしました。今回は臨海の時よりもみんなの素敵だなぁと思った部分がたくさん見られて、自分も嬉しかったです。まずは、目標や35人全員の「楽しい」を実現しようとするために動いてくれた人全員がキラリだなぁと思いました。今回はもともと一時間という予定で結局は2時間に渡ってしまったけれど、この2時間はとてもいい時間になったんじゃないかなと思います。あの動画を見てから、「本音を言って大丈夫だよ」とか「我慢してない？」と絶えず声掛けをしてくれる人を見て、こういう人がいてくれるからみんなの場が気持ちよく過ごせるような場になっていくんだ、と思いながら話し合いを進めました。途中、部屋決めのときに何かあったときに、どうすれば「決める」という方向に向かっていけるか、ということを考えていけたのは良かったと思います。次に部屋決めじゃなくてもこういう機会があったときには、もう少し自分から進んで何か行動できればいいなぁと思いました。今回の部屋決めを終えて、みんなを思いやる気持ちやゆずり合い、そして時には「自分はこう思う」という意見が言えるのが大切だなぁと改めて感じました。

とてもいい時間になったのならよかった。「決める」ために大切なことを改めて学んだね。「場をつくる」人がいるからこそ、みんなで大事なことを考えていけるなぁ。

◑◑✦ ふり返りを読んでその子の思いを知る

修学旅行の部屋を決める際、子どもたち同士がたくさん話し合いながら部屋を決められるようにしました。単純に「くじ引き」や「自由」にするのではなく、子どもたちはお互いの「笑顔」を大切にするためにどうすればよいかを考えていました。

Aさん（他の子も含めて）の様子をじっくりと見取ろうとはしても、そのすべてを知ることはできません。こうしたふり返りを読むことで、この時のAさんの思いや考えを知ることができます。

また、「次に部屋決めじゃなくても…」とあるように、Aさんがこれから大事にしたいことを知ることもできます。この後、学習も含めて「自分から」取り組もうとする姿を応援することにつなげられます。

◑◑✦ ふり返りはその子を知るチャンス

私は、子どもたちのふり返りを読むのが好きです。なぜなら、ふり返りを通して、その子のことをたくさん知ることができるからです。外から「見取ろう」とするだけでは見取れないような、その子の内側がふり返りに表れます。

- 頑張り/チャレンジしていること
- 考えていること/悩んでいること
- 試行錯誤していること

…などを知ることで、学習の場でのその子もより見取ることができるようになるでしょう。「その子を知るチャンス」であるふり返りを大切に活用したいものです。　　　　　　　　　　　　　　　　　　　（若松）

〈参考文献〉
岩瀬直樹・ちょんせいこ（2011）『よくわかる学級ファシリテーション①信頼ベースのクラスをつくる（かかわりスキル編）』解放出版社

⑤ 保護者の「声」は 大きな味方

◑◑ 保護者から1本の電話

保護者から1本の電話。

「うちの子がいつも一緒にいた友だちに言った言葉がきっかけで、何となく関係がギクシャクしているようなんです…。また様子を見てやっていただけないでしょうか」

「え、そうだったんだ…」と自分自身も気づいていなかった相談でした。確かに最近浮かない顔をしていた気がします。でも正直、Aさんは誰に対しても優しくいつも温かい気持ちで接しているので、友だち関係で悩んでいるとは思っていませんでした。

このような「思い込み」が見取りを濁らせます。よく見取れていなかった自分自身に反省です。

◑◑ 焦点をあてて見る

Aさんを詳細に見るようにします。

- 誰と話しているか
- どんな表情をしているか
- 休み時間に何をしているか

見取りながら記録もとります。まずは様子をよく見て、事実を集めます。ある日、図書室で、次のような本を手に取っていました。

旺文社編（2015）『学校では教えてくれない大切なこと②友だち関係』（旺文社）

　このような本を借りるぐらい本気で考え悩んでいたのでしょう。隣に座ってじっくりと話を聴きました。

◐◑ 記録した具体的事実を語る

　その後の経過を必ず保護者に報告するようにします。どの時間に誰とどんなことをしていたのか。自分がどのような働きかけをして、その子がどのような反応をしたのか。記録をもとに詳細に話します。印象ではなく、記録した事実を話すことで保護者も具体的に様子を想像しながら聴いてくれます。

保護者　友だちに自分からがんばって話せたようです。見てくださっているのが安心して元気になってきています。

私　いえいえ、ちゃんと気づいてやれていませんでした。申し訳ありません。○○さんのお電話をいただいたことで、Aさんを見られるようになりました。ありがとうございました。

　保護者の「声」があるから気づくことがたくさんあります。保護者の発する「声」に応じて誠実に対応していけば、保護者も心を開いてくれます。そうすることでまたその子の情報が多く集まり、その子に対する理解が深まります。　　　　　　　　　　　　　　　　　　　　（宗實）

6 互いの関係性を見取る

◐◑ 子どもの関係性を見取る

　教師から働きかけるすべての行為は、子どもとの関係性が構築されてはじめて効果が発揮されます。子ども同士も然りです。関係性が悪ければ、何をしてもマイナスになりかねません。

　子どもたちの関係をつなげていくことが重要ですが、まずは子ども同士がどのような関係性にあるのかを見取る必要があります。その関係性はどのような場面で見えるのでしょうか。

　それは、自由度の高い時間によく表れます。休み時間や下校時間、何かを決めるときなどです。

　たとえば、グループを組む活動や流動的な学習をしているときに注意深く見るようにします。そのときに誰が声をかけて誰が声をかけられにくいのかなどを、よく見るようにします。

屋外でランチを食べている様子

それぞれの学習法で学んでいる様子

☾☾ 友だちとの関わり方の変化を見る

　友だちとの関わり方に変化が見えることがあります。いつもは笑顔で話したりよくうなずいたりしながら話を聴いているのに、無視したり反対のことを言ったりするなどです。

　普段のその子の様子と普段と違うその子の様子のギャップを見ていくことから、子ども同士の関係性の変化を見取れることもあります。

☾☾ 全体の関係性を見取る

　関係性は線と線の1本だけでなく、多くの線が交差したり、入り交じったりしている感じです。関係性を概観するときによく使うのが関係図です。私は視覚で捉えるほうがわかりやすいので、よく図式化します。

　たとえば、月に1回、次のような関係図を作成し、変化がないかを見ていきます。気づきなどを一言で端的にメモしていきます。俯瞰して見るときに便利です。

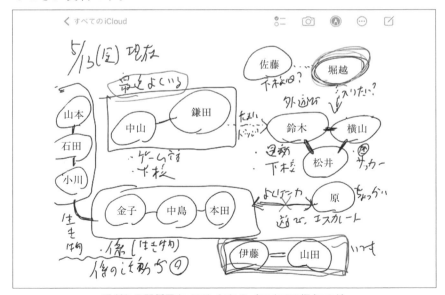

子どもの関係図をメモしたもの（※すべて仮名です）

◖◗✦ 非構成的な場面に着目する

保護者の方が「サッカーなどの習い事では仲よくできているんですが、学校ではなかなか難しいときがあります…」とおっしゃることがありました。サッカーチームという同じ目標で集まった子たちだから関わりがつくりやすくなります。

やることが明確化されているので活動内容も構成的*です。むしろ、関係性をつくるのが難しい子が目立ったり、子ども同士の関係性がよく表れたりするのは、非構成的な場面です。

あえて構成的ではない状況をつくり出し、そのときの様子をよく見取るようにすることも重要だと考えます。

◖◗✦ たかがゲーム、されどゲーム

学級の空気をあたためるためのゲームやアクティビティが行われます（ゲームには勝敗があり、アクティビティには勝敗がないという捉え）。そのときに考えておきたいことを以下に述べます。

たとえば、30人学級で考えます。3人や5〜6人グループは「あまり」がでません。「今からゲームをします。まず手をたたいた人数のグループになってください」と指示を出します。

まずは5人か6人のあまりがでない数です。そのときのグループの組み方をよく見ておきます。学期はじめの時期や学期おわりの時期など、その時期に応じて特徴がでます。「前のクラスの子同士」「男女別」「仲よし同士」などです。

しかし、そうでないグループもでてきます。男女など関係なく組んでいるグループです。それをしっかり価値づけるとともに、そのときのグループ編成の様子をよく見ておきます。

次は4人であまりがでる数です。グループに入れない子がでてきます。待ちます。自分のグループができたときに、周りの様子を見ている子や、声をかける子がいます。その子を見つけて価値づけします。もしそのよ

うな子がいなければ教師が促してもいいでしょう。

すると次はそういう子が断然増えてきます。安全地帯にいる子がいかに周りで困っている子に働きかけることができるかが大切です。

このような場面を意図的に仕組みます。子どもの関係性の現状を見取るとともに、活動を通してどのような学級にしたいのかを考えさせます。

最初に教師が声をかけて動きをつくるのではなく、まず子どもたちの活動の様子から気づきを得られるようにし、その気づきを広めます。そうすることで、目の前にある問題を意識化させ、望ましい状態に自分たちでできるようにしていきます。

教師は待ち、様子を見て、子どもたち自身で問題解決の力をつけられるようにします。あるべき姿を子どもたち自身がつかみ取れるようにします。教師は子どもたちをしっかり見て、よさを広げる「眼」を持ちたいものです。

ですから、このようなゲームやアクティビティをするとき、私は子どもたちと一緒になって活動することは少ないです。「先生もやろ〜」とよく言われますが、「みんなが楽しんでいる様子をゆっくり見させてね」などと言って断ります。

もちろん一体感を得るために共に活動し、大いに盛り上がるときもありますが、少なくとも子どもの関係性を見たいと思っているときは外から子どもの様子をよく見るようにしています。

一つひとつの活動を意図的に仕組みたいものです。　　　　（宗實）

＊「構成的」とは時間、グループサイズ、エクササイズ、ルール等の「枠組み」が明確に設定されていることを指す。

〈参考文献〉
宗實直樹（2022）『1人1台端末で変える！　学級づくり365日のICT活用術』明治図書出版

7 大事にしていることを見取る

◖◖✦ 「第3の眼」が教室を見守る

　私の学級には「パカちゃん」というアルパカのぬいぐるみがいます。教室を見守る「第3の眼」となり、私と子ども、子どもと子どもの間で特別な関係ができています。子どもたちはパカちゃんをかわいがり、「パカちゃん係」という係もできました。

　その係であるAさんが「パカちゃん一人ではかわいそう」と、「パールちゃん」というウーパールーパーのぬいぐるみを持ち込みました（ちなみに学級内にはウーパールーパーの本物がいます）。

　しかし、ある日、Aさんは何とも悲しそうな顔をして「先生、パールちゃん持って帰りたい…」と言うのです。

　「あ～、もしかして乱暴に扱われたりしたので持って帰りたくなったのかな」と最初は思っていました。

ウーパールーパーとアルパカのぬいぐるみ

◐◑ 「この子」の本質を見る

　しかし、Aさんは自分の都合だけでこういう言動はしないだろうなと考え直しました。よくよく様子を見ていると、学級内で「パールちゃん」をめぐって、取り合いやそれがもとでけんかになっている様子が見えました。「ああ、これか」と思いました。

　Aさんは、人一倍争い事が嫌いな子です。教室で飼っていた生き物が亡くなった時、涙を流して泣くような感受性の強い優しい子です。

　そもそも、「パールちゃん」を持ってきてくれた理由は、「パカちゃん」と共にみんなの心がほっとして、あったかい教室にしたいという願いからでした。自分が持ち込んだ「パールちゃん」がきっかけになってけんかや争いが生まれるような状況を見ること自体が嫌だったのでしょう。

◐◑ その子の大切にしていることを全員で考える

　クラス全員に問いました。

教師　Aさんが「パールちゃん」を持って帰りたいと言っているよ。

Bさん　え、なんで？

教師　何でだと思う？

Cさん　乱暴に扱われて嫌だからかな…。

教師　Aさんは自分のぬいぐるみが乱暴に扱われるという理由だけで「持って帰りたい」と言っているのだと思う？

　問い返しました。

Dさん　いや、それだけじゃないと思う。

Eさん　みんなであったかい気持ちにしたいんだよね。

Fさん　持ってきてくれた時にAさんが言ってたもんね。

教師　じゃあどうする？　このままAさんが持って帰ることにしていいのですか？

Gさん　だめだと思う。

Hさん　Aさんの気持ちを考えていなかった…。

Iさん　みんなで遊ぶ順番を決めたりして、やさしく遊ぶようにするよ。

Aさんに聞きます。

教師　Aさんは自分が持ってきた「パールちゃん」がきっかけで、み んながけんかになったりするのを見ていると心が痛むんだよね？

Aさんはうなずきます。私は確認しながら全体を見渡します。

教師　Aさんが「持って帰りたい」と言ったことの本当の意味をみん なはわかりましたか？

全員静かにうなずきます。私はもう一度Aさんに聞きます。

教師　みんなが「これからはやさしくしよう」と言っているけど、こ れなら持って帰らずにいてくれる？

Aさんは笑顔でうなずいてくれました。

　このように、教師が見取ったことを子どもたちに返し、考える時間を とることも重要です。

　Aさんの「持って帰りたい」という一言を子どもたちに返し、みんな で考えることで、Aさんの理解とともに、クラスにとって大切なことを 学ぶことができました。

　子どもの何気ない一言から、その子の今までの生活を鑑みて対応する ことが重要だと感じるときがあります。

　Aさんと過ごす日々の事実がなければ、その一言の意味を深く考える ことができなかったかもしれません。

◑◐ 「この子らしさ」を見る

　見取るためには、まずその子の気持ちに寄り添うことです。見取るこ とは、その子の日々のくらしの中から見せる事実から、「この子らしさ」

を見つけていく行為だといえます。

たとえば、次の感想は、生活科で虫探しに出かけた後のAさんの感想です。

今日の感想
『虫取り』
今日、生活かで、虫取りをしました。
セミが　ミンミン　ないていて、みんなで協力していると、とっても楽しい一時間でした。　（笑）
たくさんとれて嬉しかったです。
虫取りでは、（私の虫カゴでは）トノサマバッタ3びきと、ショウリョウバッタ2ひきと、モンキチョウ1ぴきを取りました。
みんな、けがをしなくて、良かったです。
モンキチョウの食べ物は砂糖水です。これからみんなで協力してお世話をしましょうね。

生活科で虫探しに出かけた後のAさんの感想

「みんな、けがをしなくて、良かったです」という一文にAさんらしさがよく表れています。平和で安全で安心を第一に考えているAさんです。このような表現がAさんのさまざまな活動に表れます。

子どもの生活と学びは常につながっています。そのつながりを見ることで、その子の大切にしたいと思っていること、その子の本質が見られると考えています。　　　　　　　　　　　　　　　　　　　　　　　（宗實）

〈参考文献〉
安次嶺隆幸（2013）『すべては挨拶から始まる！　「礼儀」でまとめる学級づくり』東洋館出版社

第 **5** 章

「見取る」力を
さらに高めるために

①「見取れていない自分」からのスタート

◐◑✧ 自分の思いばかり強い授業をしていた日々

　初任の頃は、「見取る」ことを意識できていませんでした。もちろん、「子どもを理解すること」が大切なのは知っていました。子どもたちのことを理解しようともしていました。

　しかし、授業中には「何とか授業を成立させないと」「この単元で大事なことを学ばせないと」といった思いのほうが強かったです。「見取る余裕がなかった」と言ってもいいでしょう。これまでの経験から思い描く「授業」に近づけることばかり考えていました。

- 授業が始まって15分くらいに「○○」という発問をしよう。
- Aの活動を10分したら、次はBの活動をしよう。
- 最後に△△というまとめを黒板（ホワイトボード）に書こう。

…と事前に決めていたことをもとに授業を進めていました。そこに「授業中、子どもたち一人ひとりがどう学んでいるか」という見取りの意識はありません。自分の思いばかりが強い授業をしてしまっていたと反省しています。

◐◑✧ 子どもの学びを見取れていない自分を知る

　教師１年目の後半、恩師の紹介をきっかけに国語の研究会に入りました。その研究会で、授業（１時間）を文字起こしして分析し発表する機

会をいただきました。

　いざ文字起こしをして分析すると、子どもたちの発言をきちんと聴けていない自分に気づくことができました。もちろん、音声的に聞こえていないわけではありません。「その子が言おうとしていること」「子ども同士の考えの重なり」をきちんと受け止められていなかったのです。

　研究会で発表して他の先生に意見をいただくことで、さらに「子どもの学びを見取れていない自分」「子どもたちのことを見取れていない自分」を知ることができました。そこから、「もっと子どもたちのことを知りたい」「もっと子どもたち一人ひとりの学びに注目したい」と思うようになりました。

◐◑ 子どもたちを見取ろうとする

　ただ、すぐに子どもたちを見取れるようになったわけではありません。（今でもですが…）授業後や1日の終わりにふり返るたびに、

- Aさんは○○という考えを伝えようとしていたのかな？
- Bさんの願いを受け止めきれていなかったのではないか？
- Cさんの学ぶ筋道を遮断してしまっていたなぁ。
- Dさんはずっと困ったままだったのではないか？
- Eさんのことを見取ろうとしていなかったなぁ。

ということに気づかされます。最初は「見取れない自分」に苦しむこともありました。「見取れるものだ」と思い込んでいたのでしょう。

　しかし、子どもたちの世界を知れば知るほどその奥深さに気づくようになったことで、「見取りきれないもの」と考えるようになりました。

　そこからは「見取ろうとする」という意識で、子どもたちの見取りを行っています。「苦しむ」ではなく「おもしろがる」になっています。その過程で、少しずつ見取れることが増えてきています。　　　（若松）

2 色眼鏡、価値観を取り払う

◖◗ 自分の見取りを濁らすもの

「完璧に見取れた」「その子のことを理解し切れた」なんてことはあり得ません。私は常に、「もっと見取れるようになりたい」「もっと理解したい」と思っています。日々試行錯誤しています。

子どもたちをより見取れるようになるためには、自分の見取りを濁らすものの存在を知っておくとよいでしょう。私は、

- 自分の経験や価値観
- 「その子は○○な子」「△年生とは」という色眼鏡
- 「こうあるべき」という理想
- 「こうすればうまくいく」という魅力的な方法
- 「自分のため」「コントロールするため」という指導
- 自分の余裕のなさ、体調

といったものが自分の見取りを濁らすものだと感じています。だからこそ、絶えずこうした「濁らすもの」をもとに、「今の自分はどうか」と問い直すようにしています。

これらは、「うまくいかなかった」「きちんと見取れていない」経験から見つけたものです。人によって、その「濁らすもの」は違うかもしれません。あくまで、私の場合の「濁らすもの」を紹介しました。

中でも、色眼鏡や自分の価値観は、絶えず自分自身をまとっています。それを脱ぎ捨てて子どもたち一人ひとりを見取りたいものです。

◖◗ 子どもたちから学ぼうとする

　自分自身のこれまでの経験により、「色眼鏡」「価値観」が生まれています。それらはすべて悪いわけではありません。しかし、それらが世の中のすべてではありません。

　子どもたち一人ひとりに自分の大事にしているものや価値観があります。その子の視点に立って物事を見ようとすることで、

「自分の大事にしていることがすべてではないなぁ」
「その子の見方になることで、また違った考えが生まれるなぁ」

…と新たな発見をすることになるでしょう。「子どもたちから学ぶ」ことを大事にしていると、自分の「色眼鏡」「価値観」に固執しないようになります。

◖◗ 絶えず自問自答する

　自分の色眼鏡や価値観が固定化されないようにするためには、やはり自分自身で自分に問えるようになることが大切です。

- 自分の色眼鏡や価値観は偏っていないか
- 今考えている「正しい」は本当に正しいのか
- 「わかったつもり」で終わらせていないだろうか

と絶えず自問自答することで、何度も自分の考えを更新させていくことができます。

　自分自身が柔軟になればなるほど、子どもたちのことをより受け止められるようになります。見取る視野も広がるでしょう。　　　　（若松）

③ 子どもを見る眼を鍛える

◉◉ 子どもの行動を見続ける

最近はiPhoneやiPadのカメラ機能が即時的に写真を撮るのに便利です。子どもの動きを瞬間的に捉えようとするとき、カメラのファインダーを覗くように子どもを見ます。

実際、私は教室に一眼レフカメラを置いています。270mmの望遠機能のついたカメラです。少し距離をとってその子の見せる表情やその子の仕草、その子の行動などを観察して、「ここだ」というタイミングでシャッターを押します。

これはある意味、子どもの行動やその後の行動を予測していることにもつながります。子どもの行動を見続けながら、その瞬間を捉えるようにしたいものです。

◉◉ その「瞬間」を捉える

たとえば、次ページの左側の写真の子は、瞬きをしていませんでした。本気で凝視して葉の数を数える真剣なまなざしがそこにはありました。

右側の写真の子はずっとミニトマトの苗を眺めていて、おもむろに匂いを嗅ぎ出しました。その後、「あー、スースーするー」と、目を閉じてつぶやいていました。

竹沢清（2005）は「どの事実を語れば、もっともこの子をあらわすのにふさわしいのか、と逡巡し、行きつ戻りつすること自体が、子どもを見る眼を鍛えてくれるのです」と述べます。撮った写真の中から「その

子」があらわれているものを選び、その瞬間の「その子」の思いや願いを吟味するようにしています。

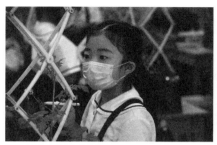
葉の数を数えている子ども

苗の匂いを嗅いでいる子ども

◐◑ その「瞬間」の前後をよく見る

その瞬間がくるだろうと予測して構えることで、一瞬を切り取ることができます。しかし、くるだろうと予測していなかったことがきたとき、また自分の見取りを更新することができます。その意外性にも驚くことができます。

その子の活動の流れとその子の行動の一瞬とを常に意識して見続けることで、その子を見る眼が鍛えられます。

子どもを撮影する一眼レフカメラ

一人ひとりの子を見る眼を総合的に捉えることで、多くの子どもを見る眼が養われます。まずは、ファインダーを覗くようにして「その子」を見る眼を鍛えることからはじめたいものです。　　　　　（宗實）

〈参考文献〉
竹沢清（2005）『子どもが見えてくる実践の記録』全国障害者問題研究会出版部

子どもの「表現」は すこぶるおもしろい

◖◗ なぜ作文が嫌いなのか？

「子どもたちは作文がなぜ嫌いか？」

どんな教育の書を読んでも多くの確率で目にする言葉です。書くことは創造的活動で楽しいものであるはずなのに…。

書くことが単なる「作業」、さらに言えば「苦行」になっているのではないかと感じます。書くこと（作文）が「たいそうなもの」「仰々しいもの」という捉えが大きいのかもしれません。「作文＝長作文」という意識をぬぐっていくことも必要だと考えます。

◖◗ ICT端末で気軽に気楽に書く

藤原与一（1965）が提唱したように、日常生活のあらゆる機会と場を活かして気軽に書くことを大切にしたいです。もっと気軽に、もっと気楽に、書くことを当たり前にすること。そして、当たり前に書くことに少しの意味づけをすること。それが「＋α」の視点です。

ICT端末を使えば、「書く＋α」が容易にできます。たとえば、写真を入れたり、書いたものと写真を合わせたり、リンクを貼り付けたりできます。

その「＋α」にその子特有の見方や考え方、教科特有の見方や考え方をミックスしていきます。

書くということを気軽に、気楽に、そしてその子らしく表現できるようにするツールがICT端末です。子どもたちの「こうあるべき」という

固定観念をとっぱらい、柔軟に創造的活動に取り組むことが可能になります。

　書くことに対する物理的なハードルはもちろん、心理的なハードルを下げるツールとして考えられます。

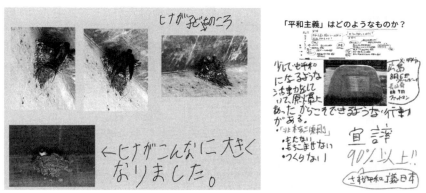

ヒナの成長をまとめたレポート　　　　「平和主義」に関する学習のまとめ

◐◑ 「書く」ことはその子の生きる喜び

　書くことが身近に感じられるようになると、子どもは苦手を意識せずに書くようになります。書くことは、その子の表現です。子どもが表現するようになると、子どもを見取りやすくなります。その子の世界に迫りやすくなります。

　書くことはその子の「豊かさ」の表出であり、その子の生きる喜びだと感じています。

　「その子」の表現を味わうとともに、学級の子どもたちと共有することで、「その子」の表現を共に分かち合いたいものです。　　　　（宗實）

〈参考文献〉
藤原与一（1965）『国語教育の技術と精神』新光閣書店

ICT端末を活用して
子どもを見る

◐◑ 「記録」からはじめる

何よりも子どもの記録をとることが肝になります。文字による記録、画像による記録、映像による記録などが考えられます。これらすべての記録方法を実現してくれるのがICT端末です。

私は常に図2右写真のようにiPad miniを持ち歩いています。私の片手にすっぽりと収まり、即時的に記録しやすいからです。「即時的に」という点がポイントです。

◐◑ 文字で記録する

ノートアプリの「GoodNotes5」を使って記録をよくします。図2左のように座席表の中にメモをとります。

図1のようにiPad内の「メモ」アプリでさっと手書きでメモをとり、後で図3のようなメッセージングアプリの「Slack」を使って時系列で記録を整理することもあります。

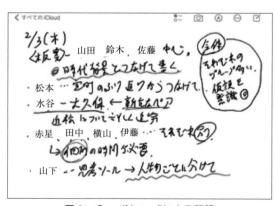

図1　GoodNotes5による記録
（※すべて仮名です）

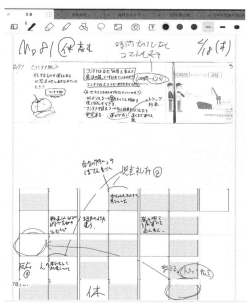

iPad mini

ノートアプリ「GoodNotes5」

座席表

座席順ではなく名前順で
1年間固定する。
▶視覚的に連続的記録
しやすくなる

図2 iPadのメモアプリによる記録

図3 Slackで記録を整理

◐◑ 画像や映像で記録する

　私はよく子どもの写真を撮ります。撮った写真は月ごとのフォルダに分けています。人の記憶は曖昧ですが、日付と画像があれば、その時の様子がよく思い出せます。

スマートフォンで全体の様子や個人の様子を撮っている

　子ども個人の写真だけでなく、できるだけ教室全体の様子が写っている写真も意図的に撮ります。そうすることで、子どもの動きや休み時間の子どもの過ごし方や友だち関係を捉えるきっかけになります。
　撮った写真をもとに記録をつけていきます。

- 休み時間にどこで何をして過ごしているのか
- 誰と過ごしているのか
- 人間関係の関わりに変化がないのか
- 何に興味をもっているのか　など

　画像をストックしてつなげていく効果は大きいです。ときには休み時間の様子や授業の様子を動画で残しておくことも効果的です。

◖◗ マルチに考える

　先に述べたように、ICT端末の登場で、子どもの事実の記録がとりやすくなりました。記録をとる方法はさまざまです。自身に合う方法で、持続可能な形で続けることが重要です。

　「これ一本」と決めてしまうのではなく、状況に合わせてマルチな形で活用していくことが望ましいと考えます。私は付箋なども好んで活用します。気づいたことやその子のよさを付箋にさっとメモし、ノートや机に貼っておきます。子どもを探るために、多様な方法で多面的に継続的に子どもの記録をとり続けます。

◖◗ 「1分間」ウォッチング

　忙しい毎日です。余裕がなくなることも多いですが、そのような中でも子どもたちの様子を見て、子どもらしさを出す瞬間を見つけていきたいものです。そのために、

① 　丸付け（事務作業など）をしているペンを置く
② 　教室の隅から隅まで見渡すように子どもを見る
③ 　ある子に注目して1分間観察する

　これだけで、多くの「発見」があります。1分間見続けることで必ず「お！」と思える瞬間や「へぇ〜」と思える瞬間、「何だろう？」と思える瞬間に出合うことができます。そのようなときに、サッと記録をとります。もちろん、その子との対話も楽しみながら…。　　　　（宗實）

〈参考文献〉
上田薫・水戸貴志代・森長代（1974）『カルテを生かす社会科―教師の人間理解の深化―』
　国土社
宗實直樹（2022）『1人1台端末で変える！　学級づくり365日のICT活用術』明治図書出版

⑥ 「問い」を持ち、自分なりの仮説を立てる

◑◐ その子を見取って「問い」を持つ

たとえば、「学習に集中できない子」がいたとします。単純に「集中させよう」「厳しく指導しよう」としてもうまくいかないでしょう。私は、それよりも「その子の中で何が起きているのか」が知りたいです。

その子の「学習に集中できない姿」を見取りながら、

- 教師の価値観で捉えていない？
- 初めて？　何度も？
- 困っている？
- 休み時間はどう？
- どの教科でもそんな姿？
- 「集中したい」と思っている？
- どこにゴールを設定する？

…といった「問い」を持ちます。こうした「問い」を持ちながらその子を見取ることで、よりその子の「学習に集中できない」を理解することができます。

◑◐ 自分なりの仮説を立てて、指導や支援を行う

さまざまな「問い」を持って考えることによって、「こうすればよいのではないか」という自分なりの仮説を立てることができます。その仮

説をもとに指導や支援を考えます。今回の例だと、

仮説	指導や支援
身のまわりに集中を妨げるものが多いから集中できないのではないか。	掲示物をシンプルなものにしたり、机上を整理できるようにしたりしよう。
「どうすればよいか」をきちんと考えられていないのではないか。	問いかけて、自分なりに「こうしてみよう」と考えられるようにしよう。
注意ばかりされて、やる気を失ってしまっているのではないか。	「できていること」を伝えて、現在のその子のがんばりを認めよう。
自分が頑張らなくても授業が進むから、他人事になっているのではないか。	授業の途中でその子の考えていることを聴いてみよう。
他者の考えを聴いているばかりでは、飽きてしまうのではないか。	ペアやグループで共に考える時間を多くつくろう。

…といったことが考えられるでしょう。結局うまくいかないこともあるかもしれません。しかし、またそのときは「問い」を持って、仮説を立てて、指導や支援を行う…ということをくり返せばよいのです。

◖◗ 「問い」を持つ視点が「見取り」の視点になる

　こうしたサイクルを回せるようになると、その子を見取るときの「問い」がどんどん豊かになるでしょう。この「問い」を持つ視点が「見取り」の視点になります。

　これは、「『問い』を持たなければならない」ではありません。それではしんどくなってしまいます。あくまでも「知りたい」を土台に「問い」を持って見取りたいものです。そうすることで、見取ることがしんどいものではなくなります。子どもたちのよりよい成長を支える方法を見つけるために必要なことだと感じるようになるでしょう。　　　　（若松）

「見取りがうまくいかない」 からの脱却

◖◗ 見取りがうまくいかない

さまざまな先生から「見取り」に関する相談や質問を受けることがあります。そこでは、

- 見取るのが大変です。何かコツはありますか？
- 毎時間の授業で、どのように見取ればいいですか？
- 学習成果物をもとに見取る時間を十分にとることができません。

…といったことが話題に挙がります。

読者の皆さんの中にも同じような悩みを抱えておられる方がいるのではないでしょうか。見取りを大切にしようとするからこそ、「見取りがうまくいかない」「見取りが大変」という悩みが生まれます。とても素敵なことです。

◖◗ 子どもたち一人ひとりの学ぶ筋道を追いかける

子どもたち一人ひとりの学びを見取る際、毎回新しい気持ちで見取ろうとすると大変です。それだと時間がかかったり、悩んだりするのも仕方ありません。

それよりも、子どもたち一人ひとりの学ぶ筋道を追いかけるようにします。単元はじめからどのように学んできたかを知っているからこそ、「今」のその子を見取ることができるようになります。

見取るポイント（20・21頁参照）で、「捉える」だけでなく「探る」ことも大事にしているのはそのためです。「捉える」だけだと、どうしても「今」のその子の学びを瞬時に見取らなければならなくなります。

　「探る」を大事にすることで、子どもたちの「過去」「今」「未来」をつなげて見取ることができます。「今」のその子の学びを見取ったことをもとに、この先の学びに向けた指導や支援も考えられるでしょう。

◉◉ 授業デザインを考え直す

　ただし、毎時間の学習が子どもたちにとってぶつ切りになってしまっていては、こうした見取りをすることができません。毎時間、新たな視点でその子の学びを見取らなくてはいけなくなります。

　一方で、単元内で子どもたちの学びがつながるようにすると、子どもたち一人ひとりの学ぶ筋道を追いかけやすくなります。

- 今の発言は、2時間前自分なりに〇〇について注目したことが活かされているな。
- インターネットで△△について調べているのは、前時までの理解度合いが□□で、自分の足りない視点を補おうとしているからだな。
- 今、題名に注目しているのは、1時間目にも注目した時に考えたことを更新するための根拠に出会ったからだな。

…と、常にその子の学ぶ筋道における「今」の姿を見取ろうとすることができます。これまで見取ってきたことをもとにして、そこに見取りを少しずつ上乗せしていくようにするイメージです。

　「見取る」を考えることは、子どもたちの「学び」を考えることにもつながります。授業デザインを考え直して子どもたちの学ぶ筋道を追いかけられるようにすることで、よりよい学びの場づくりについてさらに模索することができるでしょう。

（若松）

実際の子どもたちの姿をもとに微調整する

継続してその子を見る

　下の図は31頁でも紹介した「カルテ」についての説明です。星野恵美子（1997）は、「カルテ的見方」のことを「ずっとつなげてその子を見続けること」と述べています。つなげてその子を見続けることで多くの気づきを得ることができます。そして、そのたびに「捉えた子ども像」が変化していきます。

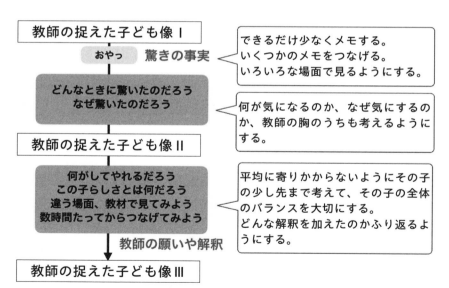

星野恵美子（1997）『「カルテ」で子どものよさを生かす』（明治図書出版）をもとに筆者作成

◐◑ 驚きをメモする

子どもを継続的に見ていくと、実際の子どもの姿（事実）に驚く瞬間があります。

「おや？」「え！」「お！」「まてよ！」

などの声が教師から出てくる瞬間です。そのような瞬間にできるだけメモをとるようにします。後からそのメモを見返し、思考を整理します。

◐◑ 「Whyの思考」で背景を読み取る

子どもの気になる言動があると、「どのように変えるべきか」という「Howの思考」になりがちです。

子どもの言動を見るときに大切なのは、「Whyの思考」です。

「なぜ○○さんはこんなことを言ったのだろう？　○○さんの考えは本当はどうなのだろうか」「なぜ○○さんはこんなことをしたのだろう？　○○さんはどう思っているのだろうか」と、その子の言動の背景を読み取ろうとすることが重要です。

また、「そのとき、なぜ自分は驚いたのだろうか？」と、自分の驚きの理由を考えます。「Whyの思考」で、子どもの言動の背景と、教師自身の驚きの理由を考えるようにします。

◐◑ 「Ifの思考」で解釈を広げる

次に、その子の背景から推測する「Ifの思考」を大切にします。

「もしかして○○さんは、前の学習がずっと気になっていて、もどって考えようとしているのか」

「もしかして自分は○○さんがその学習方法を選ぶと思っていなかったのかもしれない」

などが思い浮かびます。

この「もしかして…」が、子どもを捉え直すきっかけになります。「決

めつけない」ということかもしれません。この「Ifの思考」はその子の願いにつながったり、教師の解釈の幅を広げたりすることができます。

「おや？」「なぜ？」「もしかして」の繰り返しが子どもを捉え直し、教師の子どもを見る眼を修正していくことにつながります。また、その捉え直しこそが教師自身の力量形成につながります。

◐◑ アンテナを立てておく

俯瞰的に見ることでキャッチできるアンテナと、その子を凝視することでキャッチできるアンテナがあると感じています。そのようなアンテナを立てておくことで、子どもが目の前で見せる事実について敏感に反応できることがあります。反応したときに出てくる言葉が「おや？」「え！」「お！」「まてよ！」なのかもしれません。

◐◑ 微調整することを考える

このように何度も繰り返して「捉えた子ども像」を変革させていくからこそ、子どもの姿をもとに微調整をしやすくなります。微調整するには、何を微調整するのかを考える必要があります。微調整するべきことは、23頁に示したような「間接支援」の部分になります。つまり、物的な環境や人的な環境を整え、活動の場を調整することです。

「○○さんにとってはこの方法がよいかな」

「○○さんと○○さんが一緒に調べるとそれぞれの視点を得ることができそうだな」

などと考えながら教師が試行錯誤することです。その子に応じた適切な支援は、その子を「カルテ的な見方」をすることで探り続けることができます。

これらは、子どもの事実を見た際に瞬時の判断を必要とするときもあります。しかし、本当にその子に適した支援を微調整できるのは、その子を何度も捉え直し、その子の思いや願いを探り続けているときだと感

じます。

◖◗ 動的に立体的に捉える

「カルテ」は単なる技術や方法論的なものではありません。上田薫
（1974）は次のように述べます。

カルテは子どもをとらえるためのたんなる技術的なものではない。それは教育観
また人間観に深くかかわるものである。すなわち、人間を動的に立体的にとらえる
ことから必然的に生まれるものである。しかも人間の思考のありかたを、想像や忘
却の特質をもっとも人間的に位置づけ生かす性質をもつものである。

「動的に捉える」とは、子どもの思考や行動を一時的で静的なものと
して捉えるのではなく、常に揺れ動き変革されていくものとして見てい
くことだと解釈できます。「立体的に捉える」とは、一面的に子どもを
見るのではなく、子どものさまざまな事実を積み上げ、その事実をもと
に多面的に見ることだと解釈できます。

その見方は、教師の教育観や人間観、子ども観がより深く反映される
ものと考えられます。

子どもを動的に立体的に捉えることは簡単なことではありません。し
かし、その子を連続的に、多面的に探ろうとする「カルテ的な見方」を
常に持ち続けることの重要性に気づかせてくれます。　　　　（宗實）

〈参考文献〉
星野恵美子（1997）『「カルテ」で子どものよさを生かす』明治図書出版
上田薫・水戸貴志代・森長代（1974）『カルテを生かす社会科—教師の人間理解の深化—』
　国土社

⑨ 絶えずふり返る

◖◗ 日々の記録をつける

　絶えずふり返るために、日々の記録を提案します。記録には次のように2種類あると考えます。

---

① 　即時的な記録（メモのようなもの）
② 　俯瞰した記録（日記のようなもの）

　ここでは②を中心に説明します。

　私は、自分のやり方やあり方を絶えずふり返るためにも、「日々是好日」と題して毎日記録をつけています。前任校の島の小学校の時からつけているので、10年近く続けています。月日がたつにつれて書きぶりも変わってきました。

　たとえば、授業記録を中心に書いているときもありますし、教室全体の出来事をつらつらと綴っているときもあります。その時の感情をストレートに書いているときもありますし、ある子の記録を中心に書いているときもあります。書き方の変化を見ていても、その時の問題意識の変化が読み取れておもしろいです。

◖◗ 記録の発信とフィードバック

　以前は私的な授業研究会「山の麓の会」のメーリングリスト上で公開していました。日々の学校での出来事、授業の様子、その時の自分の思

考や感情などを毎日記録し、発信していました。発信するのでフィード
バックをいただくこともあります。そのフィードバック自体が自分をさ
らにふり返るきっかけとなり、大きな学びになりました。

◑◑ ありのままを書いてふり返る

　もちろん公開できないものもあります。個人情報等が多くなるときで
す。どちらかというと今は、「この子」に着目した記録がほとんどなの
で公開はしていません。

　公開するかしないかで書きぶりは多少変わります。しかし、その時の
感情や思いなど、全面に出すようにしています。特に日記のようなもの
は、後で読み返すと赤面するものが多くあります。

　しかし、素直に自分の心の赴くままに記録していることに意味があり
ます。それが真実の自分自身の言葉だからです。今現在の自分自身の姿
だからです。目の前の事実をもとに、自分自身の思考、行動、悩みなど、
自分自身を客観視できる情報が並びます。

　大切なのは、書くことの習慣化です。書く時間を決める、書く場所を
決めるなど自分に合った工夫が必要です。ちなみに私の場合はその都度
メモしていることを夜寝る前にまとめ、朝起きた時に整理しています。

◑◑ 書いた後に整理する

　書くこととともに、実は、書いた後が本当は重要です。書いたものを
読み返します。書くことと読み返すことをセットで行います。書くとい
う行為は、自分自身を客観視するということです。書いたものを読み返
すということは、客観視したものを再度、主観視するということです。

　つまり、一度客観視したものを、再度自分自身のフィルターを通して
見つめ直すということです。そうする中で、新たな気づきを得て、自分
自身の新たな「問い」を見つけることができます。

　「あれ、この時はこう書いているけど、今考えると本当はどうなのだ

ろう？」「この子に対して今はこんな感情はないなぁ。何がきっかけで変わったんだろう？」というような感じです。その「答え」を知るのは自分自身でしかありません。どの書籍にも書かれていません。自分自身の追究がはじまり、自分自身の問題解決につながります。

◖◖ 省察をする

　また、記録を読み返した時に、その時の自分自身の問題意識とつながる言葉が浮かび上がります。たとえば、「子どもの思考の動き」を中心に授業の中で子どもを捉えようとしている時、記録の中の子どもの思考の動きの変化が目につきます。

　「何度も発問を変えすぎていることでAさんを混乱させているな」「Bさんの動きが遅いのはきっと指示を明確にしていないからだな」と、また省察が行われます。

　書いたものを読み返す時に行う省察は、書いた時に行う省察よりもより深いものになります。より高次な抽象化を行うことができます。

　その時の問題意識によって、自分自身の記録の読み方が変わることもまたおもしろいことです。

　つまり、同じ記録でも、その時の状況や必要感などに応じて全く読み方が違ってきます。記録化することで自分の言葉はいつまでも生きていきます。そして、時間を経てまた別の形で生かされることになります。

◖◖ ゆとりを持つ

　「教師が、ゆとりを失うとき、子どもたちは、『自らを徹底的に表出し、自らに問う』ことができなくなる。教師の安易なきめ込みは、『〈この子〉が心のひだを出して、自らを耕すこと』を阻害し、〈この子〉の自立を損う」と、長岡文雄（1983）は述べます。

　教師はゆとりがなくなったときに子どもを見なくなります。見えなくなります。記録し、絶えずふり返ることができるゆとりを持ちたいもの

です。

◑◑ 経験を意図的に積み、整理を加える

野口芳宏（2010）は、「経験は意図的に積み、それに整理を加えなければ実力にはならない」と主張します。その「整理」の捉え方はさまざまです。外山滋比古氏は、『思考の整理学』（1986）の中で、「第一次的思考をより高い抽象性へ高める質的変化である」と述べます。記録したものの抽象性を高めるために、「書くこと」「書いたものを読み返すこと」「そしてまた書くこと」を意識したいものです。

そうすることで、子どもの見取り方も一般化され、子どもを見る眼がより豊かになると考えます。

◑◑ 反省的実践家として

私の経験上、失敗の記録から得ることが多いです。常に自分自身を問い直しながら前へ進みたいと思っています。書き続けることこそが、反省的実践家としていられる方法だと実感しています。

「自分はなぜ書くのか？」ということを常に意識し、息をするように書くことを続けたいものです。子どもの見取りは記憶よりも記録。記録をとることで絶えずふり返り、子どもを見取る力を上げることは教師にとって大切な資質ではないでしょうか。　　　　　　　　　　　（宗實）

〈参考文献〉
長岡文雄（1983）『〈この子〉の拓く学習法』黎明書房
野口芳宏（2010）『利他の教育実践哲学—魂の教師塾』小学館
外山滋比古（1986）『思考の整理学』ちくま文庫
梅棹忠夫（1969）『知的生産の技術』岩波新書
海保博之（2012）『仕事日記をつけよう』WAVE出版

見取る力の成長過程

◐◑ 「知ろうとする」「知りたい」から始まる

　私自身、見取る力は足りないです。まだまだよくわからないことが多く、日々試行錯誤しています。ただ、初任時よりは子どもたちのことを見取る力は育ったように感じます。

　見取る力はさまざまな経験を経て成長していくものです。「これをすればよい」というものはないでしょう。その中で、私がいちばん大事だと考えることは、「その子を知ろうとする」「その子のことが知りたい」という教師の思いです。

　もちろん、教師としての経験が少ないと、子どもたちを見ていても見取れないことは多くあります。しかし、「知ろうとする」「知りたい」ことを大事にしていると、ちょっとずつ見取れることが増えます。

　見取れることが増えると、子どもたちへの指導や支援が変わります。子どもたちの成長にもつながるでしょう。
「丁寧に見取ることが、よりよい指導や支援、その子の成長につながる」ことを実感すれば、またさらに丁寧に見取ることを大切にするようになります。

　「もう十分に理解できた」「子どものことはわかっている」となってしまっては、もう見取る力は育たないでしょう。それはとてもさみしい話です。「わからない」からこそ、「知りたい」と思えることを楽しみたいものです。

◖◗ 自分なりに考える

　110頁に、見取りを濁らすものとして「『こうすればうまくいく』という魅力的な方法」と書きました。もちろん、こうしたノウハウが支えてくれることもあります。私も若手の頃は、「こうすればうまくいく」に支えられました。

　ただ、その「うまくいく」に味をしめると、子どもたち一人ひとりを丁寧に見取ろうとしなくなってしまう場合があります。「うまくいく」方法に頼りっきりになってしまうことで、子どもたち一人ひとりを見取って「自分なりに考える」ことをしなくなってしまいます。

　そうではなく、やはり「うまくいかない」ことも大切にしながら、自分なりに考えることを大切にしたいものです。試行錯誤することで、少しずつ見取れることが増えていくでしょう。

◖◗「自分」を抜きながら見取る

　「見取る力が育つ」ということは、

- その子の現在地を客観的に捉えられるようになる。
- その子の視点になって考えられることが増える。

ということです。

　そのためには、「こうあるべきだ」「○○させないと」という「自分」を抑える必要があります。広い視野で物事を捉えて、受け止められるようになる必要があるでしょう。

　「『自分』を抑える」なんて簡単なことではありません。「教師としての成長」だけでなく「人としての成長」にもつながるでしょう。日常生活から意識することで、よりよい成長へとつなげられます。　　　（若松）

「見取りきった」なんてない

●● 「見取りきった」は要注意

　子どもを見取ることは、子どものすべてを見取ることではありません。あくまでもその子の一部を見ることにすぎません。「あの時はこうだったからきっと今回もこうだろう」と予想しても、実際はそうでないことが多々あります。

　子どもは、私たちが見ている他の場面でも多く体験し、気づきを増やし、常に変容しています。子どもを「見取りきる」ことなどできない、そういう自覚が我々には必要です。「子どもを見取りきった」と思った瞬間は要注意です。それは「決めつけ」になりかねません。私は10頁や96頁で述べたように、決めつけてしまうことで、後悔する経験が多々ありました。教師が見取りきったと思うとき、

- 子どもを動的に見なくなる
- 子どもに対して傲慢になる
- 視野が狭くなる
- 自分自身の成長を止める

などの状態に陥ることになります。

●● 謙虚に捉える

　子どもは常に動きます。子どもは常に変わっていくという考えなくし

て子どもを見取ることはできません。だからこそ、私たちは子どもを見取ろうとする努力を続けます。子どもに対して誠実に、謙虚になればなるほど子どもの姿が見えるようになります。

　上田薫（1988）は、「子どもを見るということは子どもを知るためだけではなく、教師自身を変革し、みずからの眼を深めるために不可欠だということである。そういう人間らしい謙虚さが欠如するところに真の教育が成り立つ道理がない」と述べます。

　「見取りきった」と思ってしまった時点で、その子の様子を動的に本当の意味で理解できなくなります。さらに、自分自身の成長も止めてしまいます。

　竹沢清（1992）も「真の子ども発見は、教師の自己否定・自己変革をともなうものなのだろう」と述べています。

◑◑ 長いスパンで捉える

　「見取りきった」と考えるとき、早急にその子を捉えようとしがちです。子どもの育ちや子どものあり方は、長い時間をかけなければ見えません。

　長岡文雄（1971）は、「子どもの真の成長や授業の効果というものは、少し間をおいてみなければつかめないように思われる。子どものねばり強い追究の育ちというようなものは、とくに時間をかけてながめなければとらえられない」と述べます。子どもを捉え続けようとする教師の粘り強さが必要となってきます。

　長い時間をかけて子どもを見ようとする眼が肥えていきます。そして、少しでもよりよくその子を見れるようになります。その繰り返しでしかありません。見取りきれることはないけれども、少しでもその子の世界に近づこうと思い続ける心を持つことが大切です。　　　　　（宗實）

〈参考文献〉
上田薫（1988）『学力と授業』黎明書房
竹沢清（1992）『子どもの真実に出会うとき』全国障害者問題研究会出版部
長岡文雄（1971）「子どもの粘り強さ」『考える子どもNo75』1971年1月

見取る力が育つと
毎日が楽しくなる

◐◑✦「見取る力を高めないといけない」ではない

　これまで、子どもたちをどのように見取って、成長を支えていけばよいかについて書いてきました。「見取る」について、意識できることや考えられることが増えたのではないでしょうか。

　ただ、どうしても、

- 「見取ろう」と思っているのに全然見取れない。
- 他の先生より、いろいろなことに気づくことができない。
- 今の自分のやっていることは「見取る」と言えるのだろうか。
- 自分本位に見取ってしまっていないだろうか。
- 見取ったことをうまく授業に活かすことができない。

…といった不安や悩みを持つ方もいるでしょう。当然のことです。曖昧なことも多いからこそ、「まだまだ見取れない自分」を嘆くことがあるかもしれません。

　その中で、忘れてはならないは、「『知りたい』『知ろうとする』という思いや願いが大切だ」ということです。決して、「見取らなければならない」「見取る力を高めないといけない」ではありません。

　「知りたい」「知ろうとする」という思いや願いを持っているのであれば、それを十分に大切にしてください。あなたの「見取る」力の成長を支えることになります。

☾☾✦ 子どもたちと共に学ぶことを楽しむ

　私自身、若手の頃は「こうさせないと」「これが大事だ」を子どもたちに押しつけていたように思います。それらすべてが悪かったわけではありませんが、どうしても自分本位で子どもたちのことを捉えていました。子どもたち一人ひとりの願いや思いを十分に受け止められていなかったことを反省しています。

　「子どもたちの現在地を捉える」「子どもたちの世界を探る」の視点で、子どもたち一人ひとりを丁寧に見取るようになってからは、少しずつ「子どもたちの学ぶ世界」がわかるようになってきました。

　子どもたちを見取る過程で、

- その子なりの捉え方や考え方
- その子なりの学ぶ筋道
- その子なりの表現の仕方
- その子なりの学びと感情のつながり
- 子どもたちなりの協働する学び

…など、その子の学びに関する新たな発見があると、子どもたちと共に学ぶことが楽しくなります。子どもたちの学ぶ世界を大切にした指導や支援をさらに考えられるようになるでしょう。

　「子どもたちの学ぶ世界」なんて、すごく抽象的な言葉です。わかりにくいかもしれません。でも、こうした言葉をもとに子どもたち一人ひとりを見取ることで、そこから考えられること、想像できることは変わります。

　私は、残りの教師人生をかけても、子どもたちのことを見取りきることができるようになるとは思えません。なぜなら、子どもたち一人ひとりは違っており、絶えず変化しているからです。

　そのわからなさを「おもしろい」「楽しい」と思いながら、子どもたちと共に学ぶことを大切にしたいです。

(若松)

おわりに

> **若松**：子どもの『見取り』に関する本の企画を立てているのですが、一緒に書きませんか？　僕一人で書くよりも宗實さんと一緒に書かせていただいたほうがおもしろそうだなと思っているのです。
>
> **宗實**：おお、それはおもしろそう！　ありがとうございます。ぜひぜひお願いします。『見取る』…奥が深いですよね…。
> 　　難しいですが、別々に書くのではなく、ちゃんと対話を通して書けばそれが自分自身の学びにつながりますし、いいですね！

　2022年4月2日のメッセンジャーでのやり取りの一部です。これまでにも「見取る」ことについて、若松さんとはさまざまな場で対話する機会をいただいていました。そして今回、「見取る」に関する書籍の執筆の企画がある中お声がけいただき、二人でやり取りをしながら執筆していくことになったのが本書です。

　誘っていただいたからには全力で書こうと思いました。しかし、先のセリフの通り、「見取る」ということは奥が深く、言語化するのが本当に難しいです。それは、その場所、その時に共に子どもと過ごすことで滲み出てくるものが多くあり、そこに流れる「文脈」の中で語られるべきことが多いからだと感じています。

　有元典文（2022）は、教育は因果律だけではなく、縁起律にしたがって進めていく視点が必要だと指摘しています。

　たとえば、その子が計算練習したからある問題ができるようになったという「因果」だけでなく、関わった人や周りの環境など、そこにあるさまざまな「縁」が重なり合って生まれる「縁起」が結果を支えているという考え方です。子どもを見取ろうとすることもそれに似ていると感

じています。因果律だけでは説明できない、縁起律での視点も加わるので言語化することの難しさがあるのかもしれません。

　その非常に言語化しにくい「見取り」について、できる限り言語化しようと試みました。「見取るとは何なのか？」「なぜ見取る必要があるのか？」「どのように見取るのか？」ということをできるだけ伝わりやすくするという意味で、「見取りの技術」という書名になっています。
　「技術」と聞くと、機械的なものに感じる気がしますが、教育における「技術」とは愛情の表れです。ベースや根っこはやっぱり子どもへの愛情。その上で子どもを見取ろうとするには何が大切か、どうすればいいのかを二人で考え記してきました。

　若松さんとやり取りをする中で、自分自身のあり方や考え方を問い直すことができました。とても幸せな時間でした。このような機会を与えていただいたことに深く感謝しています。
　また、編集者である河野さんの丁寧で温かいお仕事ぶりが心に染みました。途中、私が病気入院することもありましたが、心温まるお心づかいもいただき、気持ちを奮い立たせることができました。「人」を通して共に仕事をしていることを実感できた時間でした。

　「はじめに」でも若松さんが書かれているように、本書が「子どもを見取る技術」を読者の皆さんが見つけていく過程を支える一冊になると考えています。本書を媒体に、互いに話し合い、対話を広げることでよりその「技術」は磨かれるのだと思います。
　本書を読みながら、ご自身の目の前の子どもを思い浮かべ、多くの方と対話を広げていただくことを願っています。

2023年3月吉日

　　　　　　　　　　　　　　　　　　　宗實　直樹

参考文献一覧

【第1章】

平野朝久（1994）『はじめに子どもありき―教育実践の基本』学芸図書

長岡文雄（1975）『子どもをとらえる構え』黎明書房

安彦忠彦（1980）『授業の個別指導入門』明治図書出版

加藤幸次（1982）『個別化教育入門』教育開発研究所

水越敏行（1988）『個別化教育への新しい提案』明治図書出版

宗實直樹（2023）『社会科「個別最適な学び」授業デザイン　理論編』明治図書出版

樋口勘次郎（1982）『統合主義新教授法（教育名著叢書〈6〉）』日本図書センター

全国教育研究所連盟編（1992）『個を生かす教育の実践〈上・下〉』ぎょうせい

上田薫/静岡市立安東小学校（1970）『ひとりひとりを生かす授業―カルテと座席表―』明治図書出版

星野恵美子（1997）『「カルテ」で子どものよさを生かす』明治図書出版

「小学校学習指導要領（平成29年告示）解説 社会編」文部科学省、2017年

「幼稚園、小学校、中学校、高等学校及び特別支援学校の学習指導要領等の改善及び必要な方策等について（答申）」（中教審第197号）2016年

「『令和の日本型学校教育』の構築を目指して～全ての子供たちの可能性を引き出す、個別最適な学びと、協働的な学びの実現～（答申）」（中教審第228号）2021年

「個人差に応じる学習指導事例集」文部省、1984年

全国教育研究所連盟（1984）『個別化教育の進め方―実践の手びきと展望』小学館

奈須正裕（2022）『個別最適な学びの足場を組む。』教育開発研究所

豊田久亀（1988）『明治期発問論の研究　授業成立の原点を探る』ミネルヴァ書房

豊田ひさき（2020）『「学びあいの授業」実践史　大正・昭和前期の遺産』風媒社

デューイ著、宮原誠一訳（1957）『学校と社会（改版）』岩波文庫

及川平治（1912）『分団式動的教育法』弘学館書店

及川平治（1910）「分団教育の発達及び経験の帰一」『教育実験界（第二六巻、第一二号）』教育実験社

大野連太郎（1990）『やりがいのある社会科指導』図書文化

苫野一徳（2014）『教育の力』講談社現代新書

重松鷹泰（1994）『個性の見方・育て方　事例』第三文明社

【第2章】

正木孝昌（2007）『受動から能動へ』東洋館出版社

宗實直樹（2023）『社会科「個別最適な学び」授業デザイン　理論編』明治図書出版

宗實直樹（2023）『社会科「個別最適な学び」授業デザイン　実践編』明治図書出版

【第3章】

宗實直樹（2021）『宗實直樹の社会科授業デザイン』東洋館出版社

宗實直樹（2020）「『人』からあふれる『感動』を」『授業づくりネットワークNo.35―新教科書教材の授業』学事出版

宗實直樹（2023）『社会科「個別最適な学び」授業デザイン　実践編』明治図書出版

宗實直樹、椎井慎太郎（2022）『GIGAスクール構想で変える！　一人一台端末時代の社会授業づくり』明治図書出版

【第4章】

岩瀬直樹・ちょんせいこ（2011）『よくわかる学級ファシリテーション①信頼ベースのクラスをつくる（かかわりスキル編）』解放出版社

旺文社編（2015）『学校で教えてくれない大切なこと②友だち関係』旺文社

宗實直樹（2022）『1人1台端末で変える! 学級づくり365日のICT活用術』明治図書出版

安次嶺隆幸（2013）『すべては挨拶から始まる！「礼儀」でまとめる学級づくり』東洋館出版社

【第5章】
竹沢清（2005）『子どもが見えてくる実践の記録』全国障害者問題研究会出版部
藤原与一（1965）『国語教育の技術と精神』新光閣書店
上田薫・水戸貴志代・森長代（1974）『カルテを生かす社会科—教師の人間理解の深化—』国土社
宗實直樹（2022）『1人1台端末で変える！ 学級づくり365日のICT活用術』明治図書出版
星野恵美子（1997）『「カルテ」で子どものよさを生かす』明治図書出版
長岡文雄（1983）『〈この子〉の拓く学習法』黎明書房
野口芳宏（2010）『利他の教育実践哲学—魂の教師塾』小学館
外山滋比古（1986）『思考の整理学』ちくま文庫
梅棹忠夫（1969）『知的生産の技術』岩波新書
海保博之（2012）『仕事日記をつけよう』WAVE出版
上田薫（1988）『学力と授業』黎明書房
竹沢清（1992）『子どもの真実に出会うとき』全国障害者問題研究会出版部
長岡文雄（1971）「子どものねばり強さ」『考える子どもNo75』1971年1月
大西道雄（1980）『短作文指導の方法—作文の基礎力の完成』明治図書出版

【おわりに】
奥村高明・有元典文・阿部慶賀編著（2022）『コミュニティ・オブ・クリエイティビティ　ひらめきの生まれるところ』日本文教出版

【全体を通して】
竹沢清（2000）『教育実践は子ども発見』全国障害者問題研究会出版部
杉田洋（2009）『よりよい人間関係を築く特別活動』図書文化
中野重人（1990）『生活科教育の理論と方法』東洋館出版社
中野重人（1996）『生活科のロマン—ルーツ・誕生とその発展』東洋館出版社
寺本潔（1993）『感性が咲く生活科—授業展開への道標「たんけん・ひみつ・じまん」』大日本図書
寺本潔編著（2016）『教科力シリーズ　小学校生活』玉川大学出版部
長岡文雄（1992）『生活科概論』佛教大学通信教育部
清水毅四郎（1992）『信州発「生活科」の実践　「生活科」を核とした合科的な指導の展開』黎明書房
長岡文雄（1983）『〈この子〉に拓く学習法』黎明書房
森信三（1986）『修身教授録』致知出版社
大村はま（1973）『教えるということ』共文社
有田和正（2014）『人を育てる: 有田和正追悼文集』小学館
加藤賀一（1980）『手さぐりの教育実践—学級経営と社会科と』秀英出版
加藤賀一（1977）『子どもに学ぶみち—実践の記録から』秀英出版
田中孝彦（2012）『子ども理解と自己理解』かもがわ出版
津守真（1987）『子どもの世界をどうみるか　行為とその意味』NHKブックス
大内善一（1994）『思考を鍛える作文授業づくり—作文授業改革への提言—』明治図書出版
亀村五郎（1971）『日記指導』百合出版
水野学（2014）『センスは知識からはじまる』朝日新聞出版
上田薫（1972）『個を育てる力』明治図書出版
京都教育大学附属桃山小学校（1983）『個の自立と学習集団—「ひとり」の追究を見つめて—』明治図書出版
平野朝久（1994）『はじめに子どもありき　教育実践の基本』学芸図書
長岡文雄（1975）『子どもをとらえる構え』黎明書房
今井鑑三（1997）『子どもが生きているか　今井鑑三遺稿集』今井鑑三遺稿集編集委員会
稲垣佳世子・波多野誼余夫（1989）『人はいかに学ぶか　日常的認知の世界』中公新書
岩瀬直樹・ちょんせいこ（2011）『よくわかる学級ファシリテーション①信頼ベースのクラスをつくる（かかわりスキル編）』解放出版社
佐渡島庸平（2021）『観察力の鍛え方　一流のクリエイターは世界をどう見ているのか』SBクリエイティブ
若松俊介（2020）『教師のいらない授業のつくり方』明治図書出版
若松俊介（2022）『教師のための「支え方」の技術』明治図書出版

著者紹介

若松 俊介（わかまつ・しゅんすけ）

大阪教育大学小学校教員養成課程教育学コース卒業。大阪府の公立小学校で5年間勤務。現在、京都教育大学附属桃山小学校教諭。「国語教師竹の会」運営委員。「授業力＆学級づくり研究会」会員。「子どもが生きる」をテーマに研究、実践を積み重ねている。

宗實 直樹（むねざね・なおき）

関西学院初等部教諭。社会科授業UD研究会所属。授業研究サークル『山の麓の会』代表。様々な場所でフィールドワークを重ね、人との出会いを通じて教材づくりを進めている。社会科教育、美術科教育、特別活動を軸に、「豊かさ」のある授業づくり、たくましくしなやかな子どもの育成を目指して、反省的実践を繰り返す。

子どもの見方が変わる！ 「見取り」の技術

2023 年 4 月 11 日　初版発行
2024 年 3 月 1 日　2 刷発行

著　者	若松 俊介・宗實 直樹
発行者	佐久間重嘉
発行所	学 陽 書 房

〒102-0072　東京都千代田区飯田橋1-9-3
営業部／電話 03-3261-1111　FAX 03-5211-3300
編集部／電話 03-3261-1112
http://www.gakuyo.co.jp/

ブックデザイン／能勢明日香
DTP制作／越海辰夫　　印刷・製本／三省堂印刷

子どもが育つ学級をつくる「仕掛け」の技術

若松 俊介

A5判・136頁　定価 1980 円（10%税込）

子どもがやりたいことを決め、クラス全員で学級をまわしていけるようになるには、教師の「仕掛け」が大切だった！　子どもがどんどん動き出す仕掛けや、クラスの友達と協力しあえる仕掛けが満載！　たった3つのステップで、子どももクラスも成長していける！

高学年児童こそ「叱らない」指導！

若松 俊介

A5判・128頁　定価1980円（10%税込）

本書では、学級経営における、高学年の「叱らない」指導を紹介。ついつい叱りがちなことも、少し対応を変えるだけで、子どもがぐんぐん成長する！　「聴く」「伝える」「教える」「諭す」といった叱る以外の対応方法がよくわかる！